Mein altes Viertel – Episoden aus den 1970ern

Erzählungen

von

Klauspeter Bungert

Impressum

Herstellung und Verlag:
BoD – Books on Demand, Norderstedt
ISBN: 9783751970471

Vor einiger Zeit erwarb ich ein Haus in einem anderen Stadtteil und verließ mein altes Viertel. Nun ist es nicht mehr meins.

Ich habe lange dort gewohnt. Mit Ausnahme der ersten Lebensjahre und einer kurzen Unterbrechung für den Wehrdienst eigentlich immer. Ach ja, den einen oder andern Urlaub gab es auch noch, kaum der Rede wert. Ich bin ein schlimmer Reisemuffel. Jedenfalls nach außen. In Wahrheit reise ich ständig. In Gedanken. Die Umstände des äußeren Reisens sind mir lästig. Wie sagte ein alter Mathematiker: Stör mir meine Kreise nicht.

Nun bin ich ganz heraus aus meinem alten Viertel und sehe es noch, wenn ich heimlich mit dem Fahrrad durchfahre oder einen Bekannten besuche, was aber selten geschieht.

Ich weiß nicht, ob ich Sehnsucht dorthin zurück empfinde. Die neuen Lebensumstände sind so erfreulich, daß sie die Melancholie überdecken, wenn denn Melancholie einmal aufkeimt. Ich denke überwiegend freundlich an mein altes Viertel zurück.

Das bewog mich vor einiger Zeit, alte Entwürfe hervorzunehmen. Sie hatten ein Schattendasein gefristet, denn ich wußte über ihre Verwendung keinen Rat. Sie stammen aus der Anfangszeit meiner schriftstellerischen Tätigkeit und stellen Versuche in der Erzählform dar. Nun weiß ich, daß eine gemeinsame Klammer sie verbindet: sie betreffen Menschen in meinem alten Viertel.

Da ist die Erzählung von dem alten Mann, der abenteuerliche Strecken im Sprint zurücklegt. Ein junger Sportler, der sich wirkungsvoll um seine Einberufung zum Militär gedrückt hatte und bei seiner Großmutter wohnte, erzählte sie mir, als er sich von einer Sportverletzung erholte. Ich vermute, ehrlich gesagt, daß er fantasierte. Oder er könnte in seiner erzwungenen Muße eine Erzählung von Edgar Allan Poe, Der Mann der Menge, gelesen und in freier Abwandlung neugestaltet haben. Ehrlich gesagt, danach sieht es mir aus. Dann war da dieses seltsame Paar, das immer an meinem Fenster vorbeizog: die zerbrechliche Rentnerin mit der behinderten erwachsenen Tochter an der Hand, tippelnd und anrührend.

Auf eine heitere Art erzählte ein komponierender ehemaliger Mitschüler, der mittlerweile am Theater arbeitete und gegenüber wohnte, von seiner Enttäuschung über den kulturellen Absturz eines andern ehemaligen Mitschülers. Dieser taucht etwas später in einer weiteren Erzählung wieder auf. Er brachte jedenfalls meinen Theatermann ordentlich ins Grübeln.

Mein Gymnasium lag nur wenige Gehminuten entfernt. Es war kein musisches Gymnasium. Dennoch versammelte es einen erklecklichen Kreis junger Leute, die sich der Kunst verschrieben.

Neben demjenigen, der am Theater landete, hatten wir in der Parallelklasse noch ein hübsches blondes Mädchen, die gerne Musikerin geworden wäre und bemer-

kenswerte Kompositionen schrieb. Sie konnte aber kein Instrument perfekt erlernen, denn sie hatte aus dem Mutterleib eine Hand mitbekommen, die mit dem übrigen Körper nicht mitwuchs. Eine sprichwörtlich zurückgebliebene Hand, zu wenigem brauchbar und ein das Leben überschattender Makel. Sie ging nach einem Germanistikstudium nach Amerika, mit einem netten Mann, und lebt dort, wie sie selber schreibt, glücklich.
Sie hatte mir Notizen aus der Zeit ihrer Jugendlieben überlassen. Es waren Bruchstücke. Vieles nur stichpunktartig, selten ein kontinuierlicher Fortlauf. Ihr Bruder, der mit mir Wehrdienst geleistet hatte und länger noch mit mir in Kontakt stand, steckte ihr irgendwann, daß ich mit dem Verfassen von Geschichten begonnen hätte. Eines Tages ließ sie mir über ihn diese Notizen zukommen. Ich erkannte in der Sprunghaftigkeit, die darin waltete, ein originelles Formprinzip und entschloß mich, soviel als möglich davon in meiner Ausarbeitung zu bewahren und so ein authentisches Bild ihrer damaligen Stimmungslage zu vermitteln.
Ich traf kurz nach meinem Umzug ihren Bruder wieder und erzählte ihm von meinem Plan, die alten Entwürfe zu bearbeiten. Ich war noch nicht fertig damit, als mich, erneut über ihn, eine Anfrage von Gisela erreichte: Wie weit ist denn dein Schriftstellerfreund? Wann kann ich endlich etwas von ihm lesen? Beigefügt hatte sie eine Ergänzung zu damals. Ich füge sie an geeigneter Stelle

ein.
Ja, dann gab es noch ein Krankenhaus in meinem alten Viertel. Es wurde vor einigen Jahren aufgelöst. Auf der alten Wöchnerinnenstation, deren denkmalgeschützte Fassade heute Eigentumswohnungen verbirgt, brachte meine Mutter mich unter Schmerzen zur Welt. Ich beabsichtigte wahrlich keine Ärztesoap, wie das heute heißt, aber gekränkelt und auch gestorben wurde leider schon im engeren Umfeld meiner jungen Jahre.
Den alten Bratscher hatte ich ein paarmal noch im Orchester der Stadt in den hinteren Reihen spielen sehen, als eine ziemlich gespensterhafte Erscheinung. Der Mann mit dem Judenmädchen und deren tragischem Bruder war ein angeheiratheter Onkel. Die Geschichte erfuhr ich von meinem Cousin. Die Krankheit meines Onkels ging mir nahe. Seine sachliche Diskussion in guten Tagen hatte meinen jungen Verstand begeistert und seine stille Art in Tagen der Krankheit überstieg die mir bekannten Maßstäbe gelebten Heroismus.
Den Vorarbeiter, der sich auf seiner Baustelle einen Tag vor Heiligabend eine schwere Verletzung zuzog, kenne ich nur vom Sehen und aus den Berichten meiner Mutter, die mit seiner Frau bekannt war.
Alle diese Schicksale spielen in meinem alten Viertel. Und sie geben ein Porträt der Zeit, in der ich dort als junger Mensch lebte. Sie gehören zusammen und sie gehören zu mir.

I.
Gehen oder die Sinnlosigkeit des Zeitstroms

Ich hatte einen operativen Eingriff hinter mir. Danach lag ich wochenlang mit festgebundenem Bein im Krankenbett. Lange konnte ich nur auf Krücken gehen, das Bein nachziehend. Nach einem halben Jahr – die Ärzte konnten mir nicht versprechen, ob ich je wieder normal laufen könne – entließ mich endlich das Krankenhaus. Ich begleite meine Oma zum Arzt, es ist mein erster Gang ohne Stütze, auf den ich natürlich sehr wartete. Unternehmungslustig fühlte ich mich, froh darüber, daß es funktioniert. Ich stelle mich mit geöffnetem Mantel dem frischen Wind, damit er meinem Gesicht Farbe gibt und weil ich lange der Frische entbehrte. Meine Oma meint, ich würde mich erkälten, aber ich habe deswegen keine Angst. Was mich manchmal in meinem Wohlgefühl beeinträchtigt, sind die Abgase der Kraftfahrzeuge, die in der Nase eine beizende Schärfe erzeugen, wenn man es nicht mehr gewohnt ist.
Ich habe kurz nach uns einen Greis von vielleicht 77 Jahren hereinkommen sehen. Er ist von schmaler Statur, vermutlich sehr zäh und hält auf sich. Wie ich faßt er immer wieder die Tür zum Behandlungszimmer ins Auge. Da kommt ein Rentner heraus, erzählt einem andern wohlgelaunt, ja stolz, daß er alle vier Tage den Hausarzt aufsucht, um sich bestätigen zu lassen, daß er

nichts hat. Der andere, der eigentlich an der Reihe wäre, bedeutet einer jungen Frau den Vortritt, die nach langer, langer Zeit völlig verweint wiederkommt. Der erste Rentner winkt mechanisch meiner Oma, daß sie hineingehen soll. Der zweite Rentner wendet nichts ein, da er beim Schwätzen offenbar nichts merkt. Der erste Rentner verläßt die Praxis, ich sehe auf die Uhr, es sind noch vier Patienten vor mir dran, mit langer Wartezeit muß ich rechnen, und ich fühle mich, wie gesagt, ziemlich wohl.

Der Greis beobachtet mit zunehmendem Interesse die Tür. Nervös knittert er die Zeitschrift, die er sich erst wie einen Wall vors Gesicht hält und dann auf den Schoß sinken läßt. Meine Oma kommt freudestrahlend aus der Behandlung, der andere Rentner geht in zur Schau gestellter, aber, wie der kritische Blick des Greises sagt, unbegründeter Gelassenheit hinein. Ich helfe meiner Oma in den Mantel.

Der Rentner ist schon eine Weile beim Arzt, scheint gar nicht herauszuwollen, als der Greis mit einer Entschlossenheit, die mir einen Schrecken einjagt, die Illustrierte auf das Tischchen mit den Zeitschriften drückt und meiner Oma hinausfolgt. Nach einer immer unruhiger verbrachten Bedenkminute folge ich in großer Sorge. Zu meiner Erleichterung sehe ich meine Oma im soeben vor der Arztpraxis abfahrenden Linienbus, wir schauen uns verblüfft lustig an. Ich gebe mir den Anschein, auf

den nächsten Bus warten zu wollen, doch dann verschwindet sie um die Ecke und ich entdecke den 77jährigen Greis fünfzig Meter entfernt in der Fußgängerampel-Rotphase.
Ich wäre heute zu einem kleinen Streich aufgelegt, wenn sich ein Sportskumpel fände, ihn mit mir zu teilen. Etwas stachelt mich an, diesem Alten zu folgen. Ich will sehen, ob ich mithalten kann mit meinem lädierten Bein. Eine kleine Verfolgungstour wäre das richtige Ziel meines erwachenden Elans. Und ich muß mich ranhalten, wenn ich den Abstand zwischen mir und ihm verringern will.
An einer vielbefahrenen Kreuzung verliere ich ihn aus den Augen. Der verkehrsregelnde Polizist stoppt mich ab, wie ich den Fuß hinter den Bordstein setzen will: Sachte, sachte! Als habe er es darauf abgesehen, mich die Abgase bis zur Neige kosten zu lassen, der Misanthrop, oder als wolle er mich in meiner Neugier vor seinem Beruf warnen, oder als wolle er einem Grünschnabel wie mir einen Heidenrespekt abnötigen vor der Märtyrerleistung eines abgasgebeutelten Verkehrspolizisten. Eine lange stinkende Autoschlange passiert. Ich hüstele, auch aus Ärger über die aufgehaltene Verfolgungsjagd. Von Fahrzeug zu Fahrzeug resigniere ich mehr. Ich gebe das Nachspionieren um ein Haar schon auf. Drüben beginnt die City, und mir bleibt die Qual der Wahl zwischen mehreren Wegen, und auf jedem wogt ein

ziemliches Volksgedränge, darin ein Mensch leicht untertaucht.
Schlendernd setze ich mein Unternehmen fort, niedergeschlagen, diesen Tag wie einen beliebigen Tag vor meinem Unfall beschließen zu müssen. Automatisch wähle ich die Straße mitten durchs Zentrum, das heißt, die kürzeste Straße zur Wohnung meiner Oma am andern Ende. Ich fühle mich gelangweilt, erbost, daß ich jetzt nicht Freunde, wie ich wohl gekonnt hätte, aufsuchte. Ich entwickle wenig Neigung, mich umzusehen nach den Passanten und den Geschäften, an denen ich vorbeitändle.
Da kommt in überraschender Nähe, als hätte er auf meine Ankunft gewartet, doch so in eine Richtung stierend, daß er mich nicht bemerken kann, jener 77jährige Greis aus einer Süßwarenhandlung übers Trottoir geschossen. Er hält ein offenes Tütchen gebrannter Mandeln in der Hand. Fast fällt mich ein Grauen an. Kaum bleibt mir Zeit, seine Gesichtszüge zu identifizieren, genügend Zeit aber, um zu erkennen, daß sein Ausdruck anders als in der Praxis anmutet. Dort mutete er eher entspannt, gleichgültig und nur zuweilen nervös und neugierig an. Hier wirkt er abgespannt und fahl. Der Greis eilt ... in eine andere Süßwarenhandlung und dann, nachdem ich Zeit gewann, mich wieder an seine Fersen zu heften, in ein Kaufhaus in die Kosmetik- gleich neben der Bücherabteilung. Ich blättere in einem Sportlerlexikon, das ich

fast schon auswendig kann, und sehe den Alten im Horizont des Buchfalzes klammheimlich Seifenstückchen auf Seifenstückchen in eine Plastiktasche hineinpacken. Er gibt sich dabei nicht den Anschein, sich zu ängstigen oder zu schämen. Unbefangen wie nur einer schreitet er mehrmals geschäftig den gesamten Umkreis des Standes ab und geht, ohne zu zahlen, mit der gleichgültigsten Miene von der Welt hinaus. Zu spät hat man ihn entdeckt, er eilt so sehr, daß der Menschenstrom auf der Hauptstraße ihn verschluckt, ehe der Geschäftsspitzel eingreift.

Doch ich habe ihn gesehen und kann ihm folgen.

Er tritt außer Atem in eine ruhige Seitenstraße. Er geht jetzt langsamer, sieht sich Schaufenster an, und merkwürdigerweise studiert er tatsächlich die dahinterliegende Ware und nicht die Spiegelbilder, die ihm das Geschehen auf der Straße zeigen könnten.

Jetzt betritt er ein Restaurant. Ich zögere, inzwischen erschöpft. Soll ich ihm nach? Da fegt er aus einer Seitentür hinten auch schon wieder hinaus. Ich folge ihm eilig an den Fluß. Unter der Brücke veranstaltet er eine Freiübung. Aus der Ferne spazieren Leute entgegen. Schwups hat er sie, gegen die Sonne blinzelnd, bemerkt. Ich vermute, aus kurzsichtigen Augen, schemenhaft fast. Er legt die Plastiktasche auf die Bank und hängt seine Jacke über den Querholm dahinter. Er sprintet die halbe Strecke zur nächsten Brücke. Sie liegt mehr als einen Kilometer entfernt. Er sprintet mit solcher Verbissenheit, daß ich im Parallelweg oben kaum nachkomme. Ich fürchte dabei, einen kriminellen oder psychiatrisch relevanten Verdacht zu erregen. Ich höre ihn bis hier oben herauf hecheln. Er unterdrückt jetzt sein Atmen, die staunenden Spaziergänger von vorhin begegnen ihm. Er bricht hinter ihnen beinahe zusammen, schleppt sich aber rechtzeitig auf eine nahestehende Sitzbank. Er bäumt sich mit verzogenem Gesicht gegen die Krämpfe in seinem Körper auf. Er schaut herüber. Gleichsam nackt stehe ich vor seinem Auge da. Sein Blick ist auffallend stumpf, ich kann nicht sagen, ob er mich erkennt, es kann auch die Treppe sein, die neben mir in den Parallelweg mündet, die ihn interessiert. Ich schreibe vieles in seinem Verhalten wirklich seiner Kurzsichtigkeit zu.

Nein, er muß mich gesehen haben.

Er schließt die Augen in müder Bewegung und dreht den Kopf zurück flußwärts.

Will er mir etwas sagen? Hat er mich gesehen? Soll ich ihm helfen, ihn fragen, wie es ihm geht? Hat er die Orientierung verloren? Ich halte es für meine mitmenschliche Pflicht. Doch nein, ich kann es nicht, kann es einfach nicht. Bin außerdem selber so außer Atem, daß mir schlecht würde und ich ihm das nicht erklären könnte mit den paar Metern von hier bis zu ihm und bis zu meinem Unfall ein durchtrainierter Sportsmann. Peinlich,

peinlich! Da ziehe ich es vor, straßenwärts weiterzugehen und ihm nicht mehr zu folgen, es sei denn, er käme herauf und ginge denselben Weg.
Und tatsächlich, er steigt herauf, mit offenem Kragen, hemdsärmelig. Er braucht eine geraume Zeit, aber er schafft es, unfern auf der nächstfolgenden Treppe. Er überquert die Hauptstraße und geht auf der anderen Seite stadteinwärts weiter. Ich nehme zögernd, eine Ruheminute im Gras tat gut, die Verfolgung wieder auf.
Wir streben, nachdem wir einen Bogen von fünf Kilometern um die ganze Stadt herum gezogen haben, im Abstand an der Arztpraxis vorbei, er kehrt aber diesmal nicht ein. Wir wählen dieselbe Straße in die City, nachdem wir ohne Aufenthalt, der Polizist war durch einen freundlicheren Kollegen abgelöst worden, die Kreuzung überquerten.
Der Verkehr hat nachgelassen, bald ist kein Polizist mehr nötig an der Kreuzung. Es wird dämmrig. Gleich schließen die Geschäfte. Der Menschenstrom wird schütter, saugt einen nicht mehr auf. Von der andern Seite biegt eine Zwanzigjährige in unsere Richtung. Der Alte gesellt sich unverzüglich zu ihr, sie tun geschäftig miteinander, lachen, er will ihr die Einkaufstasche tragen, sie lehnt gestenreich, Gesicht von Lachfalten überzogen, ab. Sie tun wie zwei junge Verliebte, flirten und necken sich. Unversehens laufe ich beinahe auf, stelle fest, daß kein Wort, kein Laut ihre Lippen passiert, sie

bewegen den Mund ohne Sprache. Tonloses Spiel der Gesichtsmuskeln, Reflexspiel, reiner Schein. Auch das Lachen, das von ferne so herzhaft aussah, ist stumm, ohne Beteiligung der Stimmen. Zwei einander völlig Unbekannte blinzeln mißtrauisch zu den gleichgültigen Gesichtern der Entgegenkommenden hinüber, fragend, ob sie überprüft werden und ob jemand etwas merkt.
Jetzt biegt die Junge in eine Seitenstraße. Sie winken sich in halber Körperhöhe, wo es nicht auffällt, zu, bis sie sich verlieren und die merkwürdig befremdende Abspannung ins Gesicht des Alten zurückkehrt. Es hatte erst so ausgesehen, als wären die beiden gute Bekannte, doch mühsam war dieser Anschein erweckt.
Irgendwann hält der Greis, als besinne er sich auf eine Verabredung oder auf die Stelle, wo er seine Schlüssel zurückgelassen habe, mit einem demonstrativen Blick auf die Uhr inne, um in seinem alten mörderischen Tempo, ohne umzublicken, seinen Schritt wiederaufzunehmen. Ich glaube, unter einem Straßenlampenkegel war es, als ich bemerkte, daß sein Arm, auf den er so forschend geblickt hat, frei ist und nicht einmal den Abdruck einer Armbanduhr auf der Haut verzeichnet, doch ich kann es nicht beweisen.
Bei anbrechender Nacht trifft er für eine kurze Wegstrecke eine 80jährige, mit der er das wortlose Spiel der Jungen wiederholt. Er geht im fahlen Licht der Brückenlampen dann zum Leinpfad an den Fluß hinunter

und zu der Bank. Seine Sachen sind verschwunden. Auf dem Schotterboden liegen verstreut kleine längliche Punkte, es sind die geplatzten gebrannten Mandeln, die er, ohne selbst davon genossen zu haben, in der zerrissenen Papiertüte Kindern überlassen wollte. Er gleitet aus über einem zertretenen Seifenstück. Es bildet eine breite, in der schwachen Beleuchtung kaum erkennbare sämige Spur. Die Plastiktasche, zerknäult, schließt die Papierkorböffnung neben der Bank, die restlichen Seifenstücke sind entwendet. Die Tasche hochziehend, wird er etwas Vages auf gleicher Höhe einige Meter entfernt an einem Busch gewahr. Ohne sich um die Schlaglöcher zu kümmern, wackelt er durch das schon nasse Gras ans Ufer und klopft dort mit der Hohlhand den Gegenstand aus: seine Jacke, die so weit von ihm absteht. Er zieht sie über, weil es inzwischen richtig kalt und auch ziemlich feucht geworden ist, und trottet in die zu heute nachmittag entgegengesetzte Richtung.
Ist es fair, ihm zu folgen? Und wieder nimmt er seinen atemberaubenden Schritt auf und treibt mich, ihm nachzujagen. Ich höre eine Haustür schlagen und danach keinen Tritt mehr. Ich erschrecke und laufe weg, ohne mich ein einziges Mal umzusehen. Ich springe quer über die Kreuzung weg, ohne zu achten, ob der Polizist noch da ist, in einem einzigen Satz. Ich meide die Greisin und auch die Junge, die eben einbiegt. In fünfzig Jahren vielleicht werde ich sie anlachen. Ich stürme hinunter an

den Fluß und wäre auf der eiskalten Bank fest eingeschlafen, hätte mich eine noch kältere Bö nicht unsanft geweckt.
Meine Uhr ist stehengeblieben, ich vergaß, sie aufzuziehen, nein, ich trage am Arm keine Uhr, meine Uhr ist aus der Reparatur nicht zurück. Ich schlendere heim, ohne zu wissen, wie weit es auf morgen zugeht.
Es war dann schon vier in der Nacht, als ich die Wohnung meiner Oma betrat, die noch wach lag und beunruhigt fragte: Wo bleibst du so lange? Du wolltest doch den nächsten Bus nehmen.
Ich habe mich über die Gesundheit gefreut, bin ununterbrochen gewandert und vergaß die Zeit. Nun bin ich vergnügt und heil wieder bei dir, liebe Oma.
Sie ist beruhigt, ja völlig zufrieden und begibt sich zu Bett. Am nächsten Vormittag steht an meinem Bett der Arzt. Ich frage Oma, ob sie denn nicht ins Werk müsse. Ihr sei heute nicht wohl, antwortet sie. Weshalb denn der Doktor dann an meinem Bett und nicht an ihrem Bett stehe?
Er betrachtet das Bein. Ich verordne Ihnen weitere fünf Tage Schonung, dann können Sie endlich auch selbst in die Praxis kommen zur Kontrolle.
Aber ich *war* gestern dort!
Er geht, ohne zu antworten, und Oma geht mit. Sie will nun doch zur Arbeit.
Seitdem habe ich mich damit begnügt, vorsichtig aus

dem Fenster zu schauen. Erst nach vier Tagen läßt der Greis von zwei Häusern nebenan sich wieder blicken. Ich kann eigentlich nicht sagen, daß er sonderlich gealtert oder zerbrochen wäre in der Zwischenzeit, und nach wie vor hält er auf sich. Am Mittag kommt er mit halbvoller Einkaufstasche aus der Stadt. Er kann alles mögliche kochen und ernährt sich mit gewisser Wahrscheinlichkeit von entwendeten Duftseifen. Mein Fieber ist weg, das Bein heilt zu meiner vollen Zufriedenheit. Alles funktioniert wieder. Keine Beschwerden.

II.
Kranke Pflege

Die Mutter führt die erwachsene Tochter wie ein Kind an der Hand durch die Straße. Sie gehen jeden Tag denselben Weg, sie gehen ihn seit mehr als einem Jahrzehnt, und sonntags in die Kirche, und wenn Saisonausverkauf ist, zum Einkaufen von Textilien einmal in die Geschäftsstadt. Kuren waren erfolglos und darum nicht mehr unternommen worden, die Tochter kehrte unmündig zurück, schlimmer: wegen eines in anhaltender Appetitlosigkeit sich äußernden und nimmerendendes Wimmern mündenden Heimwehs mußte sie mehrfach vorzeitig nach Hause gebracht werden. Sie hatte eine Sklerose und noch andere zum körperlichen oder seelischen Zerfall führende Krankheiten. Ihr Gesicht alterte über die Jahre dennoch kaum, es blieb von einer kindlichen Glätte. Sie mußte 35 oder 40 Jahre sein, die Mutter war Ende 60.

Seit einiger Zeit hatte sich bei der Tochter eine Bewegung des Kopfes auffällig ausgeprägt. Sie wackelte bei jedem Aufsetzen ihres schwachgelagerten Fußes wie eine Marionette am Nackendraht.

Sie gehen also treu, langsam, unzertrennlich. Die Mutter, anzunehmen eine Kriegerwitwe, vielleicht aber auch eine wegen nachkommengefährdender Erbmasse Geschiedene, oder eine schlicht Verlassene, diese Frau scheint die schleichende Veränderung an ihrem Kind nicht zu bemerken. Oder sie findet sich damit als mit etwas Erwartetem ab. Sie ist in Gedanken stets mit sich, der Tochter und deren Pflege beschäftigt. Sie blickt nicht kummervoll drein, eher insichgekehrt, taub gegenüber dem Geschehen um sie herum. Reine Kindesliebe drückt ihre Haltung aus. Sie nimmt ihren Dienst als eine selbstverständliche Pflicht. Vielleicht nimmt sie ihn auch als eine Buße für irgendetwas, und sie begrüßt die Buße.

Sie war, als die Tochter noch mitkonnte, täglich in der Frühmesse gewesen. Ja, sie hegte keinen Zweifel, daß sie sich mit etwas Teuflischem eingelassen hatte bei der Empfängnis und daß sie nun einen satanischen Erbteil besaß, dem nur mit Enthaltsamkeit bis zum Lebensende zu begegnen war. Sie zweifelte nicht daran, zumal sie ja auch in der Tochter niemanden besaß, der ihre Zweifel logisch hätte begreifen oder widerlegen können. Sie sprach sich vor Jahren einmal mit dem Priester darüber aus und er hatte sie in ihrem Vorhaben, ganz ihrem Kind zu leben, bestärkt.

Heute trägt das Kind Zeichen der neuen Stufe, auf der sie ihre Fürsorge nach der letzten Krankenhausreform betreiben kann: einen schicken sportlichen Wintermantel aus dem Winterschlußverkauf und neue rote Halbschuhe mit flachen Absätzen. Es müssen leichte Schuhe sein, trotz der Winterkälte, da sie an dünnknochigen Gelenken von nur begrenzter Kraft lasten. Der Mantel sitzt ausgesprochen gut auf dem schlanken Körper und aus der Kragenöffnung sparsamt angenehm eine Parfümnote.

Früher hat die Tochter zuweilen die Einkaufstasche getragen. Einmal pro Woche war darin doch eine beachtliche Menge Waren des täglichen Bedarfs. Jetzt trägt die Mutter die ganze Last. Kind, versuch es doch, nimm! Die Tasche glitt aus den krampfigen schlaffen Händen der Jungen. Kind, du hattest heute besonders guten Appetit, vielleicht schaffst du die Tasche, nimm! Tasche und Tochter stürzten auf der Stelle aufs Trottoir. Die Mutter half ihr auf und übernahm, ohne über die Fehlversuche ein Wort zu verlieren, ja, als hätte es sie nie gegeben, die Verantwortung für das Brot, das Gemüse, die Dosen allein. Wahrscheinlich hatte sie an dem Kind zu trösten, das, wennauch weitgehend vergeßlich, sobald es sich geschützt fühlte, doch sehr empfindlich war und Entgegenkömmlingen merkwürdig scharf ins Gesicht blicken konnte mit melancholischen Augen, nicht dumm aufdringlichen, bewahre, eher im Reifeprozeß stecken, kleben, haften gebliebenen, am Reifen gehinderten Augen. In einer Weise war das geringe Spiel dieser Augen sehr ausgeprägt: es fixierte die Augen der anderen als deren Gedankenspiegel. Die andern mochten sich aber auch bloß darüber täuschen und in ihrem schlechten Gewissen glauben, daß dem so sei.

Aber auch wenn die Junge seherische Ahnungen besessen hätte, das Fixieren durch die traurigen Augen ließ nach, ja hörte auf. Das mochte durch vollständige Angleichung an das Verhalten der Mutter geschehen. Diese hatte sich selber frühzeitig dazu erzogen, an Passanten geradewegs vorbeizuschauen, sie zu übersehen, an ihren Mienen unbeteiligt zu sein, getrennt, vollkommen getrennt von der Außenwelt jenseits der schmalen Spur, die sie auf dem Gehpflaster zogen.

Kind, versuche das, das ist leicht! Die Tochter behielt die Plastiktasche mit dem einen Gegenstand, der Keksepackung, endlich in der Hand. Große Freude. Seitdem gehen sie so, daß jede Hand etwas hält: linke Hand der Tochter Plastiktasche mit Keksepackung; rechte Hand der Tochter linke Hand der Mutter; linke Hand der Mutter rechte Hand der Tochter plus Handtasche; rechte Hand der Mutter schwere Haupttasche mit den Lebensmitteln.

Die Mutter altert, lange ehe sie akut den Siebzig zuschreitet. Längst grüßt sie niemand und grüßt sie niemanden mehr. Keiner sieht sie unmittelbar mehr an. Ihr Gesicht wirkt ausgemergelt. Unter ihrem älteren, schwarzgrauen Popelinmantel bilden sich fortschreitend Hohlräume zu den tragenden Körperstellen. Das fiel mir auf, als ich das Paar länger nicht gesehen hatte und jemand mich darauf hinwies. Alles in allem wirkten diese Veränderungen an der Mutter für den Außenstehenden beinahe unkörperlich. Nur wer genau hinsah, konnte die Spuren der Trennung entdecken, die sich zwischen der Alten und der Jungen allmählich abzeichneten: jene blickte seit neuestem mit einer fernen Festigkeit zu Boden, erfüllt, schien's, von einer Wut, die tief unten unter dem Pflaster brodelte.

Nachts bereitete es der Alten zunehmend Schwierigkeiten, für ihr Kind aufzustehen, das nicht völlig Herr seiner Muskeln war und wieder häufiger nach ihr schrie. Erziehung hatte nur bedingt und periodisch genützt und war nun völlig zunichte. Sie kam schon auf den Gedanken, liegenzubleiben und die Kleine schreien zu lassen, aber beim immerwährenden Wimmern der Tochter wurde sie ihres Instinkts, ihrer Pflicht, ihres Versprechens und ihrer Zuneigung inne und überwand sich aus den Federn, in die, wie sie aus Erfahrung wußte, der Schlaf nicht wieder einkehren würde.

Eines Donnerstags erwies sich, daß, in Art einer Ansteckung, eine, genau gesagt, jene auffällige Eigenschaft neben den ohnehin ähnlichen Abnützungserscheinungen von der Tochter auf die Mutter übergesprungen war: jetzt wackelte auch die Mutter mit dem Kopf wie der Mohr mit dem Zackenschlitz an der weihnachtlichen Krippe in der Pfarrkirche, dahin sie Weihnachten zum Hochamt waren. Nur wackelt sie wie mit einem Pendel, das durch nieendende Münzzufuhr sich am animalischen Danknicken nicht genugtun kann.

Da, ihre Wackelbewegungen rutschen in ein paralleles Maß zueinander, nehmen ihnen das ausgleichende Gegengewicht und beide stürzen mitsamt den Taschen auf das harte Pflaster.
Du dummes Kind, paß doch auf! wettert die Mutter, weniger zum Befremden des Kindes, das weint, außer sich ist, nichts begreift, als zur erklärenden Verteidigung des Vorfalls dem zuhilfekommenden alten Mann gegenüber, der täglich lange Strecken durch die Straßen läuft, kränker und kränker aussieht und gerade in diesem Moment hier auftaucht. Er beugt sich zittrig vor die Frauen nieder und hebt sie auf.
Beide sind mit den Knöcheln aneinandergeraten. Beide humpeln jetzt. Für beide braucht die Mutter nun vervielfachte Anstrengung, den Rückweg zu schaffen, auf dem sie noch ein Nahrungsmittel zu besorgen hat, auf das ihr Kind unmöglich verzichten kann. Sie hat schon lange nie etwas anderes getan, keinen anderen Weg zurückgelegt, sich immer strenger nur und ausschließlich auf diese Strecke, diese selbe Strecke konzentriert. Sie hat den Weg tagein, tagaus sich so zueigengemacht, daß sie ihn auch dann finden wird, wenn sie schwach und senil sein wird, wenn sie, wie jetzt, was sie freilich nicht hat voraussehen können, ihre ganze Aufmerksamkeit und Kraft der eigenen Körperbalance, an der Hand das Kind und die Tasche, widmen muß. Sie wirft schon die Namen der Waren durcheinander, sie hatten zuweilen dieses

nicht und das nicht, die Tochter merkte es und, an ihrem Schmollen, ihrer Reaktion, merkte es die Greisin, sie wußten aber nicht, zu sagen, was es war, was sie entbehrten. Immer seltener kommt die Alte darauf, sagt den Namen dann endlich doch und dann lachen sie kindlich einander an. Wollen wir's holen gehen, Kind? fragt sie und jubelt über den Stein, der ihr vom Herzen fällt. Sie bleiben dann wie festgewurzelt auf ihren Sitzen und lachen über eine Stunde in heller Entdeckerfreude und essen, was sie gerade haben.

Einmal verfiel die Tochter in einen Rückfall von Schmollen und wollte nicht aufhören, bis sie beide dann in später Nacht ihren Geschäftsgang antraten. Die Läden waren da längst zu. Die Junge jammerte bis zum nächsten Morgen. Wenn die Alte dann den Namen der Speise nennen wollte und ihn nicht fand, erstickte Elise in einem verwirrten Schluchzen.

Überhaupt mag sie oft noch nachts essen, und seit einiger Zeit ist es wieder erforderlich, bei ihr aufzupassen, ihr ständig den Löffel in die Hand zu pressen: Wie oft, Kind, will ich dir schon beibringen, selbständig zu essen, damit du, wenn ich nicht mehr bin ... Und schon wieder sieht die Alte den halbvollen Löffel der andern aus Mund und Hand neben den Teller fallen und muß ihn übernehmen.

Zwei Tage später läßt die Mutter die Tochter durchwimmern. Ist sie doch völlig übernächtigt und kann, einmal geweckt und aufgestanden, nicht wieder einschlafen. Sie öffnet schlitzweit die Augen, hört das Geschrei und schläft weiter wie ein Stein, der Natur den lange verweigerten Tribut entrichtend.

Am andern Morgen liegt die Junge neben dem Bett, einen Arm unglücklich eingeklemmt. Sie vermag ihn nicht emporzuziehen. Sie wird von der Alten mit aller dieser aufwendbaren Gewalt auf die Beine gezerrt, welche sich vorwirft, das Mißgeschick verschlafen zu haben, während sie doch unausgeschlafen längst nicht mehr in der Lage war zu solchem Kraftakt.

Sie machen ihren gewohnten Kaufgang noch langsamer als sonst und mit verweinten Augen. Es ist kaum ersichtlich, wer jetzt wen stützt, das Kind die Mutter oder die Mutter das Kind, und wer mit dem Haupt mehr und gefährlicher für dessen Verweilen auf dem Halse wackelt. Passanten schütteln die Köpfe, nicken sich zu, was soviel gilt wie: Die muß in ein Pflegeheim, die Alte kann ihr nicht vorstehen. Die Alte indessen nickt bedeutsam zurück und schmiegt sich nur enger schützend an ihr Kind und ist sprachlos über soviel Unverstand. Sie denkt: Ihr wißt nicht, was Mutterliebe vermag. Ich kann für meine Tochter sorgen! Einer der Nachbarn, der für den Garten sorgt, wagt, was er schon fünf Jahre nicht mehr wagte, er spricht sie an: Schon vor Jahren sollte das Kind in ein Heim, als Sie noch nicht diese Krankheit hatten, diese Wackelkrankheit da. Entschuldi-

gen Sie die Offenheit, aber Ihr Kind muß ins Heim.
Die Alte wackelt mit dem Kopf entschieden an dem Nachbarn vorbei und vollendet unverwandt, die Tochter hinter sich herziehend, ihren Weg ins Wohnungsinnere.
Was haben die Leute gesagt? Haben die Leute gesprochen? Ihre Tochter sei häßlich? Ihre Tochter habe ein Mondgesicht, einen dummen Ausdruck um ihre Affenaugen? Ihre Tochter sei ungepflegt?
Sie begibt sich daran, die Tochter aufzupolieren. Die Tochter sträubt sich und tut so etwas wie verwundert, soweit sie des Sichwunderns fähig ist. Schönheit muß leiden, Elise.
Sie betrachtet ihr Gemälde, ihren Prunksaal: Wie schön du bist!
Sie lacht, lacht ganz laut, kommt ins Kopfwackeln. Nach einer Zeit wackelt ihr Gegenüber, gehorsamer Spiegel, mit, doch weinend, erschrocken, dunkel befremdet, will aufstehen, schlägt auf die Knie, die Mutter wird spät aufmerksam, ihr schwindelt's im Kopf, sie kommt nicht auf, torkelnd, nicht wissend, wo unten, wo oben, wo eine Festhalte ist. Du mußt jetzt alleine auf, Elise, bist ein erwachsenes Kind, ich habe dich lang genug gelehrt, mußt nun alleine auf, sei ein gutes Mädchen! Sie verliert sich in ein Weinen, das ihren Kopf noch mehr zum Nicken bringt. Sie werden dich hier wegholen, komm, Elise, verabschiede dich!
Sie beteuert ihre Bitte und Furcht noch eine Weile mit

dem Kopf, dann schaltet sie sich selbständig ab oder, wenn man will, aus, gegen ihr Publikum gewendet, das wehrlos anwesende wie das erwartete, und wackelt nur noch wie ein Perpendikel mit der Pendelscheibe über dem Pendelhals ohne Unterlaß.

Irgendwann im Lauf des folgenden Tages schloß man von außen die Tür auf und holte die auf den Boden gebannte Junge ab. Die Mutter fand der Entmündiger vor, wie sie in unbeschreiblichem Bedauern fassungslos und unaufhörlich vor sich hinnickte. Für den Nachbarn, der den Garten macht und die Schlüssel verwaltet, bedeutete sie unzweideutig mit dem schaukelnden Kopf ein verunglücktes Nein.

III.
Ein Abgang

Mit einem oberflächlichen Ding flirtete er, das ich, nachdem er es als Madonna vorgestellt hatte, duzte und für so jung hielt, daß ich aus allen Wolken fiel, als ich entnahm, daß sie den Führerschein besitze. Seine Frau unterdessen putzte die Küche und wusch. Nun, sie geht, wenn er die Woche über in Mainz studiert, wohl auch mit einem andern. Nun will ich nicht behaupten, daß er mit Madonna ginge. Er war von sich aus zu mittellos, nebenher eine Beziehung zu unterhalten. Er trank aus der Flasche einen Orangensaft, den die Besucherin mitgebracht hatte. Er bot niemandem an. Ich brachte nie etwas mit – ich bin doch ein Stoffel. Madonna wollte er mit einem Dienst an ihrem defekten Tonbandgerät bezahlen, und für Hellas Wohlbefinden fühlte er sich nicht mehr verantwortlich.
Du, André? hatte er verwundert gefragt, als er aus der Korridortür trat, vergleichbar: Führt dich etwa ein konkreter Anlaß her?
Freundschaft, hätte ich nicht antworten mögen, obgleich wir zuweilen recht gute Freunde waren. Dann nämlich, wenn er wieder einmal mit dem Begriff Freund etwas freigebig um sich warf. Wohl fragte er, weil er meine Bedenklichkeiten kannte, nicht so direkt, warum ich ihn denn unverabredetermaßen besuche.
Ich hatte mein Wohlbefinden von der Aufnahme einer eigenen Komposition abhängig gemacht, die ich dem-

nächst in der Stadt zu uraufführen gedachte. Ich verschwieg ihm das jetzt und gab den Gedanken, es ihm im Verlauf des Abends mitzuteilen, angesichts seiner genervten Gemütslage rasch auf. Das führte dazu, daß wir einander nichts mehr rechtes zu sagen hatten. Entfernt davon, stören zu wollen, war ich andererseits in zu verschiedener Verfassung, um kleinbeizugeben und mich den vorhandenen Gesprächen anzupassen. Eine Stelle bereitete mir Kopfzerbrechen, besser gesagt, ein einzelner Akkord, für den ich in wochenlangem zermürbendem Nachdenken keinen Ersatz fand. Robert hätte einen Kürzungsvorschlag unterbreiten oder mir Hilfestellung leisten können bei einem alternativen, noch nicht ausgereiften Vorschlag. Verstand er doch etwas von Noten und hatte häufig kluge Hinweise parat.

Hella war mit Einfüllen fertig, die Waschmaschine lief selbständig, sie setzte sich ohne Worte zu uns in den Kreis. So jung beide und schon so abgebrüht, daß er es sich nicht anfechten ließ, einem zweiten weiblichen Wesen Interesse zuzuwenden, ohne es zu kaschieren. Dabei ergab sich ein Bild erstaunlicher Harmonie. Das motivierte Hella denn auch, eine Frage an die Besucherin zu richten, worauf Robert in Stellvertretung erklärte, Madonna wünsche sich die Fernsehsendung durchaus hier anzusehen, denn mit niemandem könne sie sich im betreffenden Metier besser austauschen als mit ihm.

Ich fühlte mich, ob zu recht oder infolge meiner inzwischen angeschlagenen Laune, mehr oder weniger übergangen. Robert merkte es und forderte mich auf, nicht schon zu gehen, sondern erst nach der Sendung, die anzusehen sich lohne. Ich gab seiner Bitte statt, da ich heute meinen theaterfreien Tag hatte, und nicht zuletzt, um anbringen zu können: Nun gut, aber du weißt, solche Sendungen und deren Anhänger nagen mir an der beruflichen Existenz.

Er wußte das und wiederholte es laut für alle als einer von zwei im Raum anwesenden Vollblutfans anstehender Fernsehgenüsse. Hella erwartete die Sendung dagegen mit gemischten Erwartungen und schwärmte lediglich für einen Popsänger, auf den ich, wie sie meinte, mein Augenmerk richten sollte.

Es lief gerade eine Langspielplatte, ein Mitbringsel Madonnas, die sich nicht genug in den Fisimatenten sonnen konnte, mit denen Robert die Verrücktheiten der Liedchen aufnahm und theatralisch umsetzte: gelallte Texte, von Leuten, deren völlig schläfriger, betrunkener und berauschter Zustand die Ernsthaftigkeit der Absichten bezweifeln ließ, die in der einen oder anderen verständlichen Worthülse anklangen. Ich nenne das keinen gekonnten Unsinn. Es war der ungenügend durchgeplante Versuch, durch ein Höchstmaß an Sichgehenlassen Ochsen, Kröten, Krankenwagen, Dreschmaschinen, Kloakenblasen, brünftige Katzen nachzuglucksen, um betobt zu werden von einem unzurechnungsfähigen Klumpen dahinwauwauender Affen. Die Fans dlödden*

* Andrés surreale Wortschöpfungen, seiner Verärgerung entsprossen, übernehme ich mit einem einverstandenen Schmunzeln. (Anm. d. Verf.)

mit, beziehen sich ab in den Klumpen, schauen einander aus, blödlich lüst. Ein Sprung ihrer Ichbewußtsein, Vergessen der Kanäle im Blickfeldrand, kein Bemerken anderweitig Anwesender, es sei uneingestanden im Bestreben, ihnen ihr Glücklichsein zu demonstrieren.
Ich sagte, ich fände dieses tolle Zeug eine ungemahlen auf den Plattenteller hingekackte Fabrikscheiße zwischen leeren Kohlehydraten und Plastiksaccharin.
Proteste von links. Zuendeträllern der über eine quälende halbe Stunde nun schon wiederholten Tonfolge eines von Strophe über Strophe zu Strophe wiederholten impulselosen Motivs. Dann Stattgabe Roberts: Er hat vollkommen recht. Trotzdem ... nur schön ist das, nur schön ...
Robert hatte zwei Semester mit mir Musik studiert, war dann aber abgesprungen und wieder zu seiner Pädagogik zurückgekehrt. Er hatte sehr schön das Saxophon gespielt und einmal ein Konzert von mir im Rahmen eines Tutoriums uraufgeführt.
Und immer noch diese einfältige, offenbar so mitpfeifenswerte Dreitonphrase. Stattgabe Roberts: Richtige Stimmung brauchst du, zu solchem Quatsch insbesondere. Ganz relaxed sein, entspannt, glücklich, high, high.
Ich bat ihn, zu verraten, er habe das Analysieren ja schon mit der Muttermilch eingesogen, was diese laute Predigt der absoluten Leistungslosigkeit für nennenswerte Leistung beinhalte. Er mimte unverdrossen in die engelhaft reingestimmten Augen Madonnas ein.
Ein elender Miesmacher du ... Den Triumph, mir das

Spiel zu verderben, gönn ich dir nicht, niemandem. Sein abgezogenes Nicken war ein einziges Nein gegen den Abwimmelungsversuch, den ich gar nicht unternommen hatte. Also von wegen Stattgabe.
Bin ich unfähig zu Blödelei, Fröhlichkeit, Entspannung? Das war es. Ich mußte die Spannung in jener nicht geglückten Überleitung in jenem kritischen Moment lösen! Welcher mir nicht offenkundige, doch grobe Mangel haftete mir bloß an und ließ mich den Fehler nicht erkennen? Ein in der Tat saftiges Handikap für mein Emporkommen ...
Ich klopfte leicht verunsichert auf die Jackentasche mit dem wichtigen Dokument, aber gleich wieder mit gespielter Sicherheit wie einem treuen Rüden aufs Fell. Robert sollte mir, wenn er sich so sicher war, beibringen, welcher Mangel in Rede oder in keiner Rede stand. Jedoch wenn er nicht aufgelegt ist zu Erklärungen, was soll ich eigentlich bis zu dem blöden Musikfilm warten? (Hella war gelangweilt aufgestanden und ließ die Waschmaschine schleudern.) Gerade hier doch müßte ich mich in meinen beruflichen Auffassungen von Disziplin mannhaft behaupten und gehen, lebe ich doch vom Vertrauen der Menschen in die Kunstfertigkeit meines pianistischen Anschlags und die handwerkliche Meisterschaft und erfinderische Kraft meiner Komposition. Ist Robert so abgestumpft?
Du willst, daß die Leute nicht leben. Viele studieren und kämpfen um Anerkennung, und gerade Freischwebende wie diese Group bleiben unbekannt und behalten es, ob-

wohl du viel Spaß hast, reichlich schwer ... Er wippte und lachte mit gespreiztem offenem Mund leise glucksend in sich hinein im Rhythmus der Rhythmen. Dann brach er prosaisch ab, ließ den Tonabnehmer aufheben und sich uns alle ins Nebenzimmer begeben.

Das gleiche Nebeneinander-Beieinander. Bloß saß man vor dem Fernseher etwas eingeengter. Ich hatte nichts gegen den einzigen, sonst als Kleiderablage dienenden Baststuhl einzuwenden, Madonna und Robert klönten mehr oder weniger platonisch nebeneinander auf einem Schaffellbettvorleger, mit dem Rücken an die Bettcouch gelehnt, den Blick auf den leider nicht schneefreien Bildschirm geheftet.

Eine clowneske Gruppe tritt auf, deren Haupt- oder, berichtige, einziges Kennzeichen darin besteht, daß man bei der Vorstellung scheinbar unsystematisch das Schlagzeug zertrimmt und von der Bühne schmeißt. (Robert ärgert das jedesmal.) Dann Halbwüchsige, Eunuchenorgan, knallenge Lederanzüge, poliert, glatt wie Sperma, ein halbnackter Schlangenkörper, der mir unversehens den Grund verrät für das mäßige Echo meiner Konzertlieder neulich: Pantomime, Lichteffekt, Fabelgestalt allein verleihen dem gesungenen Text in der heutigen Zeit Glanz und Glamour. Und da kommt ER! Hella hört die Ankündigung und hockt sich gespannt wie ein Flitzebogen neben uns auf den Boden.

ER ist ebenmäßig gebaut in allen Teilen, vom schwächlinghaften melancholischen Typ, der in Mode steht. In das mehrmalig unterbrochene Stück, welches meineser-

achtens hartnäckig auf einer Ähnlichkeit mit einem Orgelpräludium von Bach insisitiert, wird sein Interview eingeblendet. Er ist wirklich ein schöner Mensch, der schönste der iberischen Halbinsel, Korsikas oder Italiens, im leichten Touristenanzug gefilmt vor einer malerischen Kirche. Ihm haftet etwas Troubadourmäßiges an, nichts mit Avantgardeverdacht.
Wußtest du, daß der Bundeskanzler der populärste und profilierteste Politiker ist? fragt Madonna. Ich gebe zurück: Nichts gegen den Kanzler, aber erstens ist er der Bundeskanzler, was ihn am meisten ins Fernsehen bringt, zweitens sieht er ordentlich aus, und drittens verfügt er über einen kessen Charme, als wäre er zwanzig und nicht sechzig. Dadurch hat er nicht nötig, sich lasch und vage auszudrücken wie diese Gruppen dort.
Der gitarrespielende Jüngling auf dem Bildschirm herzt sein Instrument mit Inbrunst und wurstelt sich drunterdurch, als ob er sehnsuchtsprotzend in die zugemauerte Scheide der einen Meter fünfzig entfernten Herzensdame oder durch ein Nadelöhr seinen Unterleib zu zwängen sich nur mühsam versage.
Bin ich schön? frage ich unvermittelt.
Madonna, entscheide, ob das Lästermaul schön ist! greift Robert auf. Die Schülerin schaut mir hämisch lüstern ins Gesicht, lange, lange. Schätze angenehm, sagt sie mehrdeutig, als stelle sie sich selber oder jemand anderen vor: Schätze, Madonna. Madonna Schätze. Ich grinse zurück, klimpere auf der Jackentasche, darin mein Notenblatt knistert.

Dann heißt du also Madonna Schätze, Kind, sag ich. Robert – der Hübsche war von der Bildfläche anscheinend mit Hella in die Küche verschwunden – hatte keine Einwände, mich während der Tagesschau nach dem Bundeskanzlerabschnitt zu verabschieden und mit doppeltem Vergnügen die Langspielplatte von vorhin wieder aufzulegen.
Im Treppenhaus ... Ich tue mir Zwang an, nicht wahr? Ein Persönlichkeitsmangel höchsten Grades: kann ich den Stachel nicht einfach herausziehen, den die Lust anderer am Eigenschaftslosen, Nichtigen in mich hineinsticht? Entweder ich bleibe ein Narr und bessere weiter an meinen Entwürfen herum und suche, meine Narrheit vergrößernd, meinen Bekannten Robert weiter alle Halbjahre einmal auf und erkundige mich nach seinem schleppenden Studienverlauf, ohne daß er eine einzige Rückfrage stellt, oder was soll ich tun? Ich beherrsche das Lachen nicht, wo es soviel Lustiges gibt, haha. Ich gründe meine Existenz, ich Tölpel, auf den Ernst und die Kandare strenger Schaffensdisziplin. Haha!
Zögernd rastet die Haustür hinter mir ins Schloß. Wir haben uns, nicht wahr, nichts mehr zu sagen. Wenn Robert die Suche nach der Schönheit (oh, die Kleine war hübsch, sehr hübsch) in der Kunst aufgegeben hat, während ich mit Angst vor Fehlgriffen tagtäglich um Erzeugung der Schönheit ringe, ja, dann habe ich ihm, dann hat er mir nichts mehr zu sagen.
Oder fahndete am Ende ein des Komponierens besser Kundiger als ich nach Schönheiten und fand sie längst,

wo ich in meinem Stumpfsinn nichts erkannte?
Es wird kommen der Tag oder er ist schon da, an dem man meine Vorstellung von Schönheit nicht mehr braucht. Ich sitze ohne Waffe da und nichts hilft mir, meine Zeitgenossen aus ihrer Lethargie zu locken.
Im Lichtschacht, der schweinwerfermäßig aus dem Fenster dringt, dahinter ich vielleicht zum letzten Mal in abschiedsgelassener Laune versöhnlich zurücksehe, bewegen girrende Schatten sich, girrgirr. Oben sind zwei Vollblutbegeisterte aus dem Häuschen, geben sich auf in der Stimmung eines planlosen Klumpens lallender Mikrofonstimmen und trunkener Nichtsdenkender auf einer Venyl-Langspielplatte, während im Nebenraum eine junge schweigende Ehefrau nach scheinbar absichtsvollem Plan eine Maschine Wäsche nach der anderen einstopft. Mir fällt ein, daß mein ältester Freund, seit ich diese Stelle als Korrepetitor am Stadttheater mit Gelegenheit zu eigenen Aufführungen innehabe, weder sehr interessiert nachfragt noch persönlich je in eine meiner Vorstellungen kommt.

IV.
Trauern

Er ist heute mittag erst von der inneren Intensiv herausgeholt worden. Seine Frau sitzt an seinem Bett, beider Blicke finden in der langsam tropfenden Infusionsflasche ihren Schnittpunkt. Er fühlt einen ziehenden Druck unter den Rippen die Bauchdecke, das Zwerchfell, den Magen entlang. Die Atmung ist eingeengt. Das abschnürende Gefühl hat einen Einfluß auch auf die Seele. Der Tropfen, der sich hinter dem Glas langsam formt und jede sechste Sekunde herabfällt, verschlimmert die Trauer.

Heute wäre meine Mutter hundert Jahre geworden, Mia, mein Vater hätte fünf Tage später Geburtstag. Ob wir auf den Friedhof fahren können zu seinem sechsundneunzigsten? Er forscht unter der Stirn der Frau, die gegen das Bettdeckenende schaut und auf der Bettkante leicht mit den Fingern klimpert. Natürlich können wir nicht fahren, liegt ihm auf den Lippen, doch er läßt es gedanklich ausfließen in einem der Tropfen, die sich auf den Weg in ihn hineinmachen. Denk doch nicht dran! hätte er erwartet. Aber nur ein Schweigen folgt. Vielleicht hast du recht, sagt er, ich sollte nicht soviel an diesen Erinnerungen hängen. Vielleicht hängt es mit der Leber zusammen, daß es immer schlimmer damit wird.

Mia steht auf und stellt sich neben ihn, um seine andere, freie Hand zu ergreifen.

Mich hat es ja schlimm erwischt, daß ich nicht mal den

Kopf zu dir drehen kann, um dich anzusehen, sagt er nach dem vergeblichen Versuch, es zu tun. Er sammelt seine Aufmerksamkeit wieder in der öligen Flüssigkeit, die sich keinem Rest zuneigen will. Mia hat ihn lange nicht weinen sehen und die Kinder, die außer Haus leben, überhaupt noch nie. Auch wenn es ihm übel war in diesem schon von der Witterung her schrecklichen Monat, bei dem Föhnwetter, das auf den Kreislauf schlug, hat er Schwierigkeiten, Trauer zu akzeptieren. Er verfügt über eine verhaltene, zurückgenommene, tapfere Trauer, so tapfer, wie sie nach Ansicht der Kinder nur aufgrund seiner besonders harten Erziehung möglich geworden war, von der sie sich ein lückenhaftes, aber immerhin abschreckendes Bild machten. Sie haben ihre alle nicht alt gewordenen Großeltern nur teilweise kennengelernt. Die jüngere Tochter kümmern deren Jubiläen denn auch gar nicht mehr, der Sohn hat dagegen Verständnis für die dunklen Flächen auf der Jahreskarte des Vaters und weiß die gedrückte Haltung des Vaters sehr wohl mit diesen Jubiläen zu verbinden. Mia, wenn sie zu viert am Mittagstisch saßen, kannte sich am besten im Verlauf seiner Anwandlungen aus und bog ab oder fragte flüchtig nach dem Alter seiner Mutter, seines Vaters oder vermißten Bruders, und er antwortete immer routinemäßig mit den vollständigen Geburts- und Sterbedaten.

Die Frau rückverfolgt seine Anwandlungen über die Jahre. Diesmal drohen sie bohrender als sonst zu werden, wo es doch hier und in solchem Zustand nicht zu-

träglich ist, wenn er etwa weint, und er ist die ganze Zeit über schon nahe daran, sie müßte ihn jetzt lediglich anblicken.
Er hat seine Mutter nur in einem gewissen gesetzten Alter gekannt. Er war ein spätes Kind. Als er so alt war wie seine Tochter jetzt, nämlich 23, war sie über die sechzig und kränkelte schon schwer. Sie war eine fromme Frau und pflegte ihr wunderschönes Singen auch dann noch, als sie eben knapp dem Tode vom OP-Tisch weg von der Schippe gesprungen war. Aber wenige Wochen später verstummte sie doch: sie hatte unten an der Tür ein behördliches Schreiben quittieren müssen, Heil Hitler, aus dem Kriegsministerium, mit der Nachricht, daß ihr Ältester gefallen sei. Das war in den ersten Kriegstagen. Der zweite folgte wenig später, der dritte galt seit dem dritten Kriegsjahr als verschollen. Sie wurde häufig in der Leibgegend punktiert, wie er gestern und vorgestern und vorvorgestern, und es war ein Wunder, daß sie sich immer wieder erholte.
Er greift nach Mias Hand und führt sie in Kreisbewegung über seinen geschwollenen Bauch.
Tut es sehr weh? fragt sie. Er kreiselt weiter, bemerkt: Jetzt nicht mehr ... Ob das in der Familie von meiner Seite alle bekommen? Er läßt das Kreiseln in eine zärtliche Behutsamkeit übergleiten, die er jäh abbricht, ihre Hand neben sich auf das Bett drückend. Schade, daß du meine Mutter nicht mehr richtig kennenlerntest und meinen Vater erst, als er mit seiner zweiten Frau verheiratet war. Sie waren liebe Leute.

Zweifelte ich je?
Nicht eben das, das überhaupt nicht. Es ist, weil du sie kaum zusammen erlebt hast. Du hast sie nie recht liebgewinnen können, nicht so wie ich. Gut, mein Vater hat uns Jungs geprügelt. Aber mehr verabscheute ich, was dieser damals schon Pensionär tat. Ich hätte es ihm nach dem Krieg heimzahlen mögen, der Petzliese, als er fast achtzig war. Jedes Streichlein hinterbrachte er unserm überforderten Vater. Er wußte, wo er meinen Vater abpassen konnte, und wartete jeden Abend an der gleichen Ecke in der gleichen pedantischen Absicht. Für jeden von uns vier Brüdern setzte es Prügel. Mein Vater schlug mit den Hosenträgern. Wenn er uns abends zu sich zitierte und sie abnahm, wußten wir schon ...
Mutter schlug nie. Sie betete insgeheim mit, wenn er nach vollzogener Züchtigung zerknirscht in der Nachbarkammer stoßseufzte und seine Bußandacht verrichtete mit den vielen Vaterunsergegrüßetseistdumaria. Sie beugte sich jedesmal über die Tischdecke, grämte sich, schwieg und setzte ihren kleinen Hungerstreik fort, wenn Vater wie ein genugsam abgestrafter Sünder nach der Sühne, die Ärmel runterkrempelnd, sich setzte, mit fröhlichem Appetit zu essen begann und sie verwundert fragte, warum sie denn keinen Appetit habe. Auf ihrem Gesicht zeigten sich schon erste Spuren der Krankheit, der sie erliegen sollte.
Du schwitzt, sagt Mia. Er läßt die Hand sinken, mit der er sich Schweiß von der Stirne wischte, und richtet den Blick geradeaus.

Eigentlich war mein Vater großzügig. Als der Älteste und dann der Mittlere und auch ich noch, der ihre dunklen Anzüge auftrug, sechzehn waren, durften wir wochenendes ausbleiben, bis der Tanzsaal schloß. Es gab dort keine alkoholischen Getränke.
Er pfeift eine vergnügliche Melodie vor sich hin. Mein Mund ist trocken. Es klang vor Tagen besser. Ich erinnerte mich an diese Melodie. Ich muß danach bewußtlos geworden sein. Wollten wir nicht unsern Diättag einlegen? Er nickt matt freundlich gegen die Infusionsflasche. Da haben wir die Diät! Und du fastest, weil du kein Mittagessen hier im Haus bekommst. Immerhin mußt du dich noch nicht über die Venen ernähren. Ich meine, das Tropfgeräusch über die Blutbahn zu hören. Oder ist es reine Einbildung?
Es kündigte sich einfach kein Schwinden der öligen Masse an.
Mir ist schlecht, ich vertrag die Flasche nicht.
Mia reibt ihm mit einem Tempo den Schweiß von Stirn und Brust. Sie wirft das Tempo in den Papierkorb der Zimmertoilette. Er kreiselt mit der Hand heimlich über den geschwollenen Bauch.
Wir trieben eine Menge Teufeleien, angefangen damit, daß wir in Nachbars Garten kletterten. Aber das war das geringste. Wir riskierten dabei nicht mehr als einen Tritt in den Hintern. Gestohlen haben wir nur zweimal, und da verpfiff er uns nicht, denn er kriegte es nie heraus. Dem Pedanten das Fahrradschloß und einmal der jüdischen Familie von gegenüber ein – du seufzt – sakrales

Geschirr von anno dazumal. Du hörst die Geschichte schon zum 35. Mal, entschuldige.
Sie waren 35 Jahre verheiratet. Wenn er die Begebenheit auch nicht gerade jährlich erzählte, so war er doch gewiß halb so oft darauf zu sprechen gekommen. Seine Worte hatten sich in eine feste Ordnung gefügt und eine unveränderliche Komposition geschaffen. Er denkt nicht im entferntesten daran, den Film aktiv am Ablaufen zu hindern. Immerhin, er ärgert sich, daß er nicht aus seiner Haut kann, es schlägt ihm auf den Leib, er spürt gesteigerte Beklemmung, er preßt in tapfer verhaltenem Ingrimm die Faust gegen die Matratzenunterlage, er beißt auf die Zähne und sieht mit hartem Ausdruck über Mia hinweg. Ihn wurmt und schmerzt das Ungenügen, das er mit zunehmendem Alter immer wieder an Mia erkennt, speziell an den Stichtagen dieses Monats. Sie kann nichts dafür, daß sie nicht versteht, nicht wirklich versteht, wie unwiederbringlich er das Zuhause seiner frühen Jahre vermißt. Für Mia waren seine Eltern nicht viel mehr als durchschnittliche Kleinbürger, der Vater ein untergeordneter, liebenswürdiger, aber doch mental beschränkter Postbeamter, die Mutter eine unterwürfige Frau, die zu seinem Tun Ja und Amen oder gar nichts sagte und kein einziges Mal bei seinen brutalen Erziehungsmaßnahmen intervenierte. Mia, Mia, denkt er, laß mich diese Gedanken einmal im Jahr doch von Anfang bis zu Ende denken. Wer hält, außer mir, von all den Menschen, die es auf der Erde gibt, diese Erinnerungen hoch an all die vielen Verstorbenen?

Ob der Jude auch den Tod fand, der damals ein rohes Stück Fleisch nicht essen wollte? Er weigerte sich standhaft und bezog erbärmliche Schläge. Ob er einen körperlichen Schaden mitnahm? ins Exil? ins KZ? Oder ob er mit geschlossenen Wunden dem Hexenkessel entkam?

Sie wußten, daß der Jude kein Schweinefleisch aß. In Kenntnis der jüdischen Reinheitsvorschriften wollten sie ihm statt des Pfundes Rindfleisch lieber rohes Schweinesteak und eine Tasse Blut vorsetzen, aber es war nicht greifbar. Es war nicht seine Idee gewesen, doch das Opfer ein Jude eben. Selbst als HJ-Gruppenführer konnte er hier nicht Einhalt gebieten, den Streich nicht vereiteln. Der Jude weigerte sich mit letzter Kraft. Die Gabel mit einem Stück rohen Bratenfleisches stak in seiner Oberlippe. Jetzt versuchte er, den Bissen zu schlucken. Vergeblich. Jetzt stopften Gabeln von drei Seiten auf ihn ein, er spuckte würgend aus: Blut, Bratenfleisch und Zunge. Es setzte Prügel. Ja, prügelt, hauchte er, das ist gut!

Der Gruppenführer hätte den mit unfaßbarem Haß Dreinschlagenden gern ein Genug! entgegengeschleudert, da bemerkte er den Pedanten, der seinem Vater als dem einzigen, der etwas darauf gab, die Streiche der Söhne allabendlich hinterbrachte. Er wußte, niemals hätte der alte Feigling einen Streich gepetzt, der an einem Juden verübt wurde. Aber er konnte einen HJ-Gruppenführer, der die Übeltäter unterbrach, anzeigen wegen zweifelhafter Gesinnung. Das traute er ihm zu.

Eine verfängliche Situation für beide, so oder so, gefährlich wegen der Rassenideologie, Heil Hitler, und ihrer eben erst verschärften Gesetze.
Der Gruppenführer zögerte. Dann grinste er den abseitsstehenden Pedanten an, im Triumph darüber, daß der ihn diesmal nicht der hausväterlichen oder einer anderen Justiz überliefern würde. Der Pedant wich mit einem unverständlichen Fluch.
Als der Gruppenführer zurücksah, hatte man, seiner Aggressionen müde, den Juden kurzerhand in ein Büschel Brennesseln gestoßen. Er stand allein der Gruppe gegenüber. Er mochte den schlaksigen, halb ohnmächtig daliegenden Juden eigentlich ganz gut leiden, aber er rührte keinen Finger zu seinen Gunsten. Er löste einfach die ausgetobte Runde auf und ging zum Kaffeetrinken. Wie alles in der Siedlung hatte auch das Kaffeetrinken seine Zeit und fegte die Straßen pünktlich leer.
Was ist, Erwin? fragt Mia, als er aufstöhnt. Er spürt, wie die Schale seiner Tapferkeit, zu der er im Lauf des Lebens, des Krieges und des Leidens immer stolz gefunden hat, zu brechen droht. Er würde sich am liebsten hängen und seine Tränen, nicht heftig, eher wie die Tropfen aus der Infusion dort, über die heißen Wangen fließen lassen. Sie warten ihm in den Augen. Er fühlt sich aufgeweicht wie die Organe seiner Mutter vor ihrem Tod und vermutlich jetzt die eigenen.
Mia, wenn einem ein halber Schnaps auf nüchternen Magen zusetzt wie mir und ich das Bewußtsein verliere und mit Martinshorn auf Intensiv eingeliefert werden

muß, dann muß es weit gekommen sein. Ob es dasselbe bei mir ist wie bei meiner Mutter? Sie ist keine hundert geworden.

Er blickt, mit dem typischen ausgezehrten Gelbgesicht, über den typischen bis zum Platzen angeschwollenen Bauch starr über Mia hinweg. Nun, sag was! Er betrachtet sie von der Seite. In ihr Bild spielen fasrige Flecken wie von zerfusselnden Wattebäuschen. Er hat Kreislaufstörungen, Wahrnehmungsstörungen, krankhaft erhöhte Pulsfrequenz.

Die Schwester des Juden übte schon früh Klavier. Als sie sechs war, hörte sie auf, mit den andern Kindern auf der Straße zu spielen. Die Judenkinder erhielten Privatunterricht. Sie war, erinnert er sich, ein helles, sonniges Kind. Sie ließen sich nachher nur noch selten sehen, zu heimlichen Einkäufen bei gnädigen Milchladenhalterinnen in der Morgendämmerung und ab und zu samstags in der Dämmerung zu einem Spaziergang. Die Bewohner aßen dann zu Abend. Er erinnert sich nur, daß sie ein lebhaftes Mädchen war. Sie hatte vielleicht vom Fenster gesehen, was mit ihrem Bruder geschah, machtlos mit angesehen, gewunken, händeringend gebetet, daß die bösen Nazibuben enden.

Mia bringt einen feuchten Waschlappen von der Toilette. Das Zeug macht verdammt durstig. Danke. Er preßt den Lappen zwischen die Lippen. Verdammt durstig! Meinst du, ich dürfte nochmal nippen? Sie erneuert den Waschlappen.

Das Schwesterchen des Juden kam, sah er im Wegge-

hen, heruntergelaufen, den Privatlehrer an der Hand, und hob die Beine des Mißhandelten in die Höhe, während der Musiker ihn um den Oberkörper faßte. Sie brachten den Jungen in ihr jüdisches Haus.
Soll ich die Schwester rufen? Er nippt an dem Lappen in einer Weise, wie ein Hund nach dem Knochen schnappt. Er schweigt und berührt ihre Hand. Unmöglich, sich Mia unter der streichespielenden Innung seiner frühen Jahre vorzustellen. Sie kommt am ehesten auf das klavierspielende kleine Judenmädchen heraus, das sich mit sechs von der Straße zurückzog. Sei du mir für ein paar Minuten Schwester, Mia. Ich fühle, du bist da. Schade, daß meine Brüder Fremde für dich blieben, gefallen, bevor wir uns kennenlernten. Der Jude lag mit einem dickaufgeblähten Bauch blutend in den Dornen. Meine Mutter hatte die gleiche Krankheit. Er konnte den Braten nicht vertragen und dann auch gleich ein Pfund und den Schnaps, er hatte noch nie welchen gegessen, Schnaps gegessen ...
Ich rufe die Schwester!
Ob es was Ernstes ist, Mia? Was sprach ... ? Du sagst nichts, Mutter, er schlägt! Du siehst mit an, wie sie mich mit Gabeln im Mund ... aber bist krank ... verdammt schlecht ...
Erwin fantasiert, tobt, zerrt an der Infusionsleitung, reißt die Braunüle aus der Vene, Blut schießt hervor. Mia ruft das Personal. Man bindet ihn an das Bett und schiebt ihn zurück auf Intensiv.

V.
Billigstbieter

Er zieht angespannt Luft durch die Zähne wie in einen Zylinder, es macht ein schleifendes Geräusch. Man säubert mit Mulltupfern und einer desinfizierenden Flüssigkeit die breiige Wunde an seinem Unterarm. Eigentlich sollte zum Transport der scharfkantigen Betonstahlträger ein Kran zur Verfügung stehen. Aber in dieser Firma, von der er direkt in die Notaufnahme kam, fehlt es an allem und die Arbeiter müssen die breiten Gerüste bei Frost und Eiswind mit bloßer Körperkraft an die gewünschte Stelle katapultieren. Auch die Poliere packen da mit an.

Er hat das Trägergestell nicht mehr halten können in dem Moment, als das Flugzeug startete. Er hat zu lange, in Ungedanken, festgehalten. Seine Mitträger lassen die Last sinken, um sich die Ohren zuzuhalten und vor dem Lärm der Flugmaschine zu schützen, aber er hält noch fest. Er reagiert zu spät, verliert das Gleichgewicht, gleitet nach hinten aus und gerät um ein Haar unter das heftig zurückfedernde Stahlnetz. Er verletzt sich nur die Hand. Die aber schlimm. Ein Trägerstahlende reißt ihm ins Fleisch quer durch die Lebenslinie. Die Hand blutet wie verrückt. Der Stahl ist rostig. Der Chef eilt herbei, wutentbrannt: Passen Sie doch auf, wir können uns keine Arbeitsausfälle leisten, passen Sie doch auf!

Es stand kein Firmenwagen in der Nähe außer dem Dienstmercedes vom Chef, und der drückte sich davor, einem Arbeiter den Schlüssel anzuvertrauen, geschweige denn selber einen Untergebenen zu chauffieren. Ehe darüber Streit entbrannte, setzte sich der freundliche Zivilangestellte der Flugplatzbehörde für den Vorarbeiter ein und fuhr ihn, dreckig wie der war, mit dem eigenen PKW ins Krankenhaus.

Der Polier versucht, den Arm zu strecken, die Finger zu bewegen. Der Arzt ist mit dem wievielten Tupfer beschäftigt und gibt dem Pfleger Anordnung: Präparieren Sie die Injektion!

Es geht nun doch mit dem Arm, auch blutet es nicht mehr stark. Aber es geht schlecht, sehr schlecht. Eigentlich geht es nicht.

Sie müssen über Weihnachten bei uns bleiben, Mann, das sieht böse aus.

Der Arzt hantiert mit dem Tupfer und der harten, brutalen Pinzette in der Matschwunde.

Knochen verletzt? fragt der Pfleger.

Unbeträchtlich. Die Spritze! ... Kaum zu verantworten, was ich Sie machen lasse.

Sie sind der Arzt, sagt der Polier, flicken Sie, was Sie können, erholen kann ich mich später. Er wirft einen Blick auf die Wanduhr: 15 Uhr zehn.

Bis Feierabend, wann genau, um fünf, müssen Sie aber bleiben. Das Taxi bezahlt die Kasse. Fahren Sie dann und melden sich ab bei Ihrem Chef. Der Arzt setzt die Spritze mehrmals im Umkreis der Wunde und hinein. Es tut bestialisch weh. Es war ein Tag mit mehreren unguten Ereignissen für Heintz. Er unterdrückt einen

Fluch.
Die Spritze muß jetzt wirken. Der Arzt dröselt den ersten Nähfaden ein.
Selbst das Mittagessen müssen die Arbeiter auf dieser unseligen Baustelle seit Wochen bei fortgesetztem Arbeiten einnehmen. Von der ihnen gesetzlich zustehenden Mittagspause verliert man kein Wort mehr, die Arbeiter kochen sich vor der Arbeit frühmorgens ein Instantgericht aus der Flugplatzkantine, das sie im Vorbeigehen besorgen. Er hatte den Essensnapf vergessen in der Erschöpfung des Baustellenstresses, übernächtigt von den ungezählten unbezahlten Überstunden, in Entbehrung seines Zuhauses, wo sein Mittlerer mit Fieber im Bett lag, dahin er allabendlich anrief, sofern er noch dazu kam. Der Chef lehnte strikt ab, er dürfe das Geschirr nicht holen fahren: Selber schuld, wenn Sie das Zeug vergessen. Für heute haben Sie das Mittagessen gesehen, oder Sie nehmen Ihre Mütze und besorgen sich Ihr Essen auf der Straße!
Heintz ist 23 Jahre bei der Firma angestellt, hat nie schlampig gearbeitet, hat am Aufbau der Firma als einer der fähigsten Mitarbeiter mitgewirkt. Die abgenutzten Maschinen waren doch schuld, wenn die Betonmasse sich nicht verarbeiten ließ, wie die Vorschrift forderte! Es bestand kein Grund, daß der Chef ihn eine einmalige Vergeßlichkeit so spüren ließ! Der Zivilangestellte fuhr dann in die Kantine und brachte ihm zwei Portionen Bratwurst mit Brot.
Herr Doktor, ich kann wirklich nicht bleiben, verstehen

Sie doch! Der Arzt schüttelt den Kopf, konzentriert auf die Arbeit. Noch eine Naht! Heintz lokalisiert den Weg der chirurgischen Nadel, das Zusammenziehen und Verknoten der Fadenenden, ohne hinzusehen, an dem unangenehmen Druckgefühl.

Nun, wenn er uns unbedingt verlassen möchte, wollen wir ihm einen schönen Verband auf die Reise mitgeben. Sie suchen bitte nach den Feiertagen den Hausarzt auf.

Heintz meint den Chef vor sich zu sehen, wie er demonstrativ den Kopf schüttelt und dem Zivilangestellten verachtende Blicke zuwirft. Würde ein mit kräftiger Nahrung gesättigter Arbeiter nicht mehr leisten in derselben, ja geringerer Zeit? Will Ratschek es auf einen Versuch ankommen lassen, was mehr Energie spende, ein zufriedengestellter Magen oder Druck im Magen verbunden mit Druck auf die Seele einer Bauarbeiterexistenz? Heintz hört die Worte nachklingen, die der Zivilangestellte dem Chef beneidenswert direkt aus dem Abstand zupoltert: Sie müssen, mein verehrter Dr. Ratschek, mir schon überlassen, wem ich Erste Hilfe leiste! Der Polier wendet in der frischen Erinnerung den Kopf zum Türspalt des Ambulanz-OPs, wo der wartende Zivilangestellte hereinschaut.

Hier ist Ihre Krankmeldung für vierzehn Tage. Ich schreibe Sie arbeitsunfähig. Der Arzt legt Papiere aufs Polster des OP-Tischs.

Herr Doktor, das ist mit Entlassung gleichbedeutend. Ich *arbeite* mit dem Arm!

Das ist Ihr Bier, Sie kennen die Bestimmungen im Fall

einer Komplikation. Niemand haftet für Sie. Der Befund verpflichtet mich, Sie am Arbeiten zu hindern.
Bis Feierabend, soviel gibt der Chef zu. Aber wenn ich mich länger schone ... Glauben Sie, es ist besser, ich arbeite wieder. Gesundwerden kann ich über die Feiertage.
Der Arzt geht mit Heintz zur OP-Tür. Wer garantiert dem Arzt, daß der Patient die Behandlung unterstützt? Garantiert das eine Bescheinigung?
Was sonst, wenn nicht eine Bescheinigung? Der Mann in weiß sieht Heintzens Begleiter, den Zivilangestellten, an.
Ich arbeite nicht in der Firma, weicht dieser aus.
Ich möchte nicht fahrlässig erscheinen. Schonen Sie sich, in der Regel hält eine Naht. Unterschreiben Sie, daß Sie auf eigene Verantwortung eine stationäre Weiterbehandlung – der Arzt hebt das Formblatt – zurückweisen.

Was Polier Heintz verschwieg: heute waren Überstunden anberaumt. Bis zehn sollte gearbeitet werden und es stand offen, ob der Chef sie nicht auch Heiligabendvormittag, eventuell noch Heiligabendnachmittag einspannen würde. Unter bestimmten Umständen setzt man das durch: Auftragserfordernisse, kein voller gesetzlicher Feiertag, Arbeitskräfteüberangebot auf dem Arbeitsmarkt. Drei Arbeiter haben angekündigt, auf keinen Fall zu kommen an Heiligabend, der Chef hat ihnen daraufhin Entlassung ohne Aufschub angedroht.

Ein Teil der Arbeiter wartet auf Anweisungen Ratscheks, ein anderer legt einen Sprengsatz an die zu erneuernden Betonflächen, ein dritter Trupp transportiert Stahlgerüste. Heintz meldet sich zurück. Worauf wartet ihr? fragt er, ohne etwas von der verordneten Schonung zu äußern, an die Arbeiter gewendet, die rauchend, die Hände zum Wärmen gegen die Schultern klopfend, zum Teil mit einer Flasche Bier, das in der Kälte nicht schmeckt, auf einem Stoß herbeigeschleppter Stahlgerüste sitzen oder langsam umhergehen.
Sie haben die letzten Betonladungen wieder zurückgeschickt, Heintz. Sahst du nicht, was der Bauleiter für ein Ding bei sich hat? Der Polier erschrickt: der leitende Ingenieur trägt ein Gerät zur Messung der Betonmassentemperatur bei sich. Neben ihm steht der ebenfalls staatlich bedienstete Erste Sachverständige. Die beiden verhandeln eben, dann verwickeln sie den nahen Ratschek in ein Gespräch.
Aha, die Temperatur des Betons lag zu niedrig.
Ein halbes Grad darunter. Zweimal retourgeschickt. Der Chef drängt, das Zeugs muß schneller angefahren werden und wir müssen schneller verarbeiten. Um Himmelswillen, können wir für das Wetter etwas, sind unsere Fahrer allein auf der Straße und sind wir schuld, daß uns die Kälte, das dauernde Warten, der ständige Wechsel der Arbeitsgänge alle Kraft raubt?
Der Chef soll die Betonmischanlage überholen lassen, es dauert zu lange, bis der Most rauskommt und transportiert werden kann. Die Fahrer können nichts dafür,

wenn er unterkühlt ankommt. Die Geräte sind das Problem!
Weitere Arbeiter gesellen sich zu, sie waren ihre Handschuhe holen. Der Polier hat wieder keine, könnte sie auch nicht überziehen über die verbundene Hand. Der Chef und die drei andern – der Zivilangestellte ist zwischenzeitlich hinzugetreten – sperren den Mund auf und pressen sich die Ohren zu. Die Arbeiter in einiger Entfernung legen in Hast ihr Stahlgerüst auf den gefrorenen Schlammuntergrund. Die zigste Maschine für heute vom Typ Starfighter startet in dichter Nähe mit nicht zu ertragendem Lärm. Kürzlich hatte ein Arbeiter, der sich nicht rechtzeitig zu schützen wußte, das Trommelfell eingebüßt. Einige werfen sich spontan auf den Boden, es nützt vielleicht, die akustische und tensorische Welle nimmt zum Boden hin ja etwas ab. Die Maschine verklingt in null komma nichts in der schneehaltigen Atmosphäre. Ratschek schreit sie von drüben an, kaum daß er die Entfernung des Fantoms für ausreichend einschätzt: Arbeiten Sie, an die Arbeit, hängen Sie nicht dämlich herum!
Der Erste Sachverständige zuckt zusammen, der Bauleiter schaut gezwungen unbeteiligt, der Zivilangestellte verdreht die Augen, und Heintz sieht, wie alle drei ihre Skrupel niederkämpfen. Sie würden gern das Treiben des ungerechten Mannes begrenzen. Er könnte sie darum hassen, daß sie nicht reden, aber dann wieder muß er sie rechtfertigen: der eine ist Vertreter des Staates, der zweite des Militärs, der dritte der Wissenschaft, er selbst

nur ein abhängiger Facharbeiter, der sich nicht einmischen darf, wenn der Chef seine Werkzeuge rügt. Jeder obliegt seiner Aufgabe, die Vertreter der Institutionen wissen außerdem, daß der billigste Anbieter bei der Auftragsvergabe den Zuschlag erhält. Wie er seinen Preis dann einhält, ist seine Sache. Der Erste Sachverständige überprüft die Ware, der Bauleiter überwacht, daß sie perfekt verarbeitet wird, der Zivilangestellte setzt durch, daß termingerecht geliefert und daß Verstöße geahndet werden und dient als vermittelndes Glied zwischen Baustelle und Verteidigungsministerium. Und obliegt allen nicht Verantwortung für den Schutz von Menschenleben? Mürber Beton, Risse in einer Landebahn müßten beim Aufprall eines Jägers zu einem tödlichen Risikofaktor werden.
Dann erinnert sich Heintz, daß heute vormittag die drei kündigungsbedrohten Kollegen hilfesuchend ihr Wort an den Bauleiter als den Vertreter des Staates richteten ohne die geringste Rücksicht auf die Gegenwart Ratscheks. Der Ingenieur zuckte die Achseln und sagte: Ich kann Ihre Angelegenheiten weiterberichten, was ich gerne tue. An Ihrer momentanen Situation ändert das nichts. Es liegt nicht in meiner Zuständigkeit.
Ein gutes Wort von Ihnen wiegt nichts?
Gehen Sie zum Arbeitsgericht. Ich kann Ihnen nicht helfen.
Das Betonauto langt an. Die Arbeiter eilen mit ihren Gerätschaften hin, der Polier streift am Chef vorbei. Ratschek: Sie sind mir bei Ihrer Rückmeldung die Ant-

wort schuldiggeblieben, ob und wieweit ich Sie als voll einsatzfähig betrachten darf! Ich frage Sie das nochmal, es ist mein letztes Angebot!
Heintz schaut ihm nicht in die Augen, wirft kurz angebunden hin: Man sollte die Verletzungsgefahren verringern. Der Arzt schrieb mich vierzehn Tage krank.
Schon ist Ratschek den Sachverständigen an der Seite. Der Temperaturtest ergibt eins Komma sieben Grad Celsius über der zugelassenen Untergrenze. Es geht doch! Ratschek leuchtet übers ganze Gesicht. Leute, beeilt euch, ihr wollt doch die Ladung noch sicher verpacken. Er klatscht einige Male in die Hände, wendet sich den Fachleuten zu, voller Stolz: Daß Sie stets von mißglücktem Beton sprechen! Den guten lassen Sie außer Acht! – Das, Männer, als Geschenk zu Heiligabend. Wenn Ihr durchkommt, gebe ich euch morgen mittag frei.
Wieder brüllt eine Maschine bohrend durch die Luft und setzt donnernd in unmittelbarer Nähe auf. Die meisten Arbeiter versuchen, sich mit Verschließen der Gehörgänge zu schützen, andere behalten die Massen von Stein und Stahl eisern in Händen und öffnen lediglich den Mund. Der Chef selbst, im Eifer seines neuen Hochgefühls, setzt sich der Gefahr einer Gehörschädigung aus und schreit gegen den herannahenden Geräuschemoloch an: Arbeiten Sie, die Masse kühlt ab, arbeiten Sie!
Heintz gibt den Leuten Anweisung, treibt sie an, seine Miene und Funktion ist die eines die Befehle weiterlei-

tenden Unteroffiziers. Wo es nottut, packt er mit an. Er trägt, wie viele andere immer noch, keine Handschuhe. Die Kälte von Stahl und Betonmasse bedroht die Beweglichkeit seiner Glieder, doch auch die verletzte Hand macht mit. Er hat Glück, die Naht hält und er greift kräftiger mit ein in den Countdown, den die Sachverständigen abmessen an den sinkenden Skalenuntereinheiten auf dem Betonthermometer. Heintz möchte noch nach Hause telefonieren, wo man ihn fest erwartet. Die Zeit verstreicht, in der er seine Frau noch erreichen kann. Sie hilft in einem Lokal aus und darf nach 18 Uhr nicht mehr angerufen werden.
Sie betonieren zwei weitere Ladungen unter belastenden Bedingungen ein, bis die frostig gewordene Winternacht die Aussicht auf normgerechte Betontemperatur zerstört. Auch der folgende 24. Dezember ließ Polier Heintz keine Gelegenheit, die verletzte Hand zu schonen. An diesem Heiligabend wurde bis in den späten Nachmittag hinein pausenlos betoniert.

Heintz löffelt den Rest seines Frühstückseis. Seit Oktober, als die unselige Maloche auf dem Flugplatz begann, hat er keinen Samstagvormittag zu Hause verbracht. Daß es heute ein Freitag, der 27. Dezember, ist und er nicht malochen muß, liegt daran, daß der staatliche Bauleiter die Arbeiten bis auf weiteres abbrechen ließ. Die Anordnung erfolgte aufgrund eines neuerlichen Gutachtens des Ersten Sachverständigen, erstellt in den Nachmittagsstunden des 24. Dezember. Telefonate, Voll-

machten, einstweilige Verfügungen. Dann teilte Ratschek am späten Heiligabendnachmittag der Belegschaft zornrot mit, daß sie erst Montag wieder antreten müßten.
Der Polier weiß, daß dies ein Wiederholungsfall ist, daß die Firma sich mit ihrer schlechten Zementsandmischung Verzugsgebühren von vielen tausend D-Mark täglich, über kurz oder lang aber einen Prozeß und nach dem Prozeß eine Entschädigungssumme an den staatlichen Auftraggeber über wahrscheinlich mehrere Hunderttausend, vielleicht Millionen einhandeln dürfte. Die Firma erfüllt die Vertragsbedingungen nicht. Ja, der Prozeß steht unabweislich vor der Tür.
Der Chef hat die drei Leute, die am Abend des 23. Dezember demonstrativ ihr Köfferchen packten, fristlos entlassen. Ob Ratschek der erste war, der die Tradition brach, die die Gewerkschaft als gewissermaßen rechtlich oder doch gewohnheitsrechtlich abgesichert durchgesetzt hatte? An Heiligabend wird auf dem Bau nie gearbeitet. Einem Unternehmer ist es nur in dringenden Fällen unbenommen, eine Ausnahme zu machen und die Arbeiter zurückzuhalten. Die drei Entlassenen wollen jetzt vors Arbeitsgericht.
Heintz stöhnt auf. Sein Jüngstes spielt unter dem Tisch und ist, darunter hervorblickend, mit dem Kopf an die verletzte Hand gestoßen. Er hat eine hübsche Wohnung in einer stillen Randzone meines Viertels. Ein mittelgroßes Wohnzimmer, Eßküche, zwei niedliche Kinderzimmer, eins für die Älteste, die die achte Klasse auf dem

Gymnasium besucht, eins für die Vierjährige und den Zehnjährigen, der mit Fieber fest liegt. Für die jüngeren Kinder muß er sich bald eine Lösung einfallen lassen. Um im hellmöblierten Elternzimmer zu schlafen, ist die Vierjährige schon zu groß, als Zimmergenossin der Älteren, die schon einen Freund hat, zugleich zu klein und zu groß. Zurzeit schläft die Kleine meistens bei seiner Frau in der leider so oft verwaisten Elternbetthälfte.

Langsam klingt der Schmerz im Arm ab. Er hat von den strapaziösen Tagen vor Weihnachten ein Brennen zurückbehalten, das er aber nicht weiter beachtet. Durch den Stoß jetzt wird es stärker.

Kind, geh mit Hanna einkaufen! Er streicht dem Wildfang durchs Haar. Geh schon! Papa will in Ruhe Zeitung lesen. Das Kind verschwindet, er liest. Er blickt über den dünnen Papierfalz, schweift ab. Ja, der Fernsehbericht in den Nachrichten gestern enthielt das gleiche Thema: Kriegsnachrichten aus einem unwirtlichen Land am Äquator. Er liest weiter. Aber er hat ja alles gesehen. Er hält das Blatt mechanisch über den Teller mit den Brötchenkrümeln, der Tasse mit dem schon kaltgewordenen Kaffeerest, der Eierschale. Er sieht sie vor sich, wie sie in die Dschungelschwüle müssen ohne Schutz gegen die widrige Natur. Es ist auch zu spät schon, die dicken Arbeitshandschuhe zu holen, wenn sie denn welche besitzen, Tropennetze auszutauschen, Werkzeuge zu reparieren. Es gibt nur eines: vorwärts! Sie müssen eine Schneise schlagen mit ihren unzureichenden Militärmessern im starren Lianenwerk. Sie

müssen noch zwei Bäume fällen. Ab die Post zum sumpfigen Fluß! Die Rinde reißt an den heißen, aufgeweichten, salzig feuchten Händen heftig brennende Schürfwunden. Doch die Männer dürfen nicht unterbrechen, ehe die Floßbrücke über den Sumpffluß fertig ist, und selbst dann nicht, wenn etwas dazwischenkommt oder ihr Ratschek es nicht will.
Falls die Verpflegungseinheit durch Feindeinwirkung oder Unwegsamkeit des Geländes ausfällt, wird, was da ist, geringer rationiert. Und wenn alles verbraucht ist und der Dschungel von den entkräfteten Männern sich nichts entreißen läßt, wird es nichts mehr geben.
Sie wissen nicht mehr, in welchem Zusammenhang ihre Tätigkeit steht mit den Waren und Menschen, zu deren Verteidigung sie herangezogen wurden. Sie stehen unter dem alleinigen Zwang: das MG ihres Vorgesetzten von hinten – Ratschek scheut sich nicht im mindesten, seine Männer zu exekutieren –, das fremde Land mit dem unbekannten Feind vor ihnen. Aber hier fragt niemand mehr nach dem Sinn. Hier gibt es nur einen Gedanken: Wäre das Stück Weges ein wenig wegsamer.
Schließlich stehen sie mitten im Feindgebiet, ferngesteuert, blind für den Sinn, in einer ungangbaren Fremde, aus der niemand auf eigene Faust zurückfindet. Doch noch tragen sie die schweren Maschinengewehre und die massiven Baumstämme drücken sich ein in die weichgeschwitzten Schultern. Weil Ratschek es anordnet, darf während des Transports das Sturmgepäck nicht gelöst werden. Weniger Proviant lastet darin als das Ge-

schirr, ihn zu verzehren. Wer das Geschirr verliert, verliert seine Eintrittskarte zur Gulaschkanone. Ratschek hat verboten, daß er von den andern Eßgeschirrbesitzern mitversorgt wird.
Heintz schmunzelt nicht, obwohl er merkt, daß er abenteuerlich abzuschweifen anfängt. Er senkt den Blick gegen den nichtssagenden Papierfalz und blättert. Wieder eine behördliche Ausschreibung! Ratschek könnte sich mit einem Angebot beteiligen, wenn ihm danach zumute ist. Eine Behörde hatte ihn beauftragt in der Flugplatzgeschichte, weil er Billigstbieter war. Ratschek kalkuliert niedrig. Er kalkuliert gut. Die Rechnung ging immer auf. Nur diesmal nicht. Ratschek besteht bei allen Abstrichen immer auf einer Gewinnspanne für sich selbst. Wie, das ist ihm egal. Mit offenen Drohungen versucht er, diese Gewinnspanne zu erzwingen, durch unbezahlte Mehrarbeit, durch verschärfte primitive Arbeitsbedingungen, durch Wegfall von Essenspausen. Durch den niedrigen Lohn, den er zahlt, sowieso. Alles an der Grenze zum nicht mehr Legalen, manchmal jenseits, aber wer überprüft das.
Heintz blickt ausgeschlafen und versöhnlich über den adrett gedeckten Frühstückstisch und empfindet Freude über diese Morgenstunde ausgeglichener Behaglichkeit. Draußen passiert ein Güterzug.
Immerhin haushaltet der Auftraggeber, die Behörde, der Staat, mit Steuergeldern, auch mit seinen, Heintzens! Und momentan trübt auch keine Blickbeteiligung eines Ratschek das Wohlgefallen eines Poliers an seinem klei-

nen bescheidenen Wohlstand neben den Bahngleisen an unserm hübschen Lokalbahnhof. Solange der Chef mit dem alten Maschinenpark seine Verträge einhält, ist staatliches Eingreifen unvorstellbar. Soll man dem Chef den Prozeß an die Backe wünschen?

Da, einem Soldaten wird von einem der umstürzenden für den Brückenbau angeschnittenen Urwaldriesen der Unterarm abgerissen. Er schreit wie eine Bestie vor Schmerz. Das im Tiefflug plötzlich heranpfeifende Starfightergeschwader übertönt jedoch sein Schreien. Die Soldaten werfen sich flach hin, verschließen die Ohren, öffnen den Mund, bis das Fantom vorüber ist und ehe es schon wieder zurückkehrt. Der Invalide reagiert zu spät, rennt mit dem offenen Armstumpf in die Roststäbe eines von ungefähr aus dem Dschungel vorragenden Betonstahlgerüsts. Ein Trommelfell platzt, da er sich nur das eine Ohr zuhalten kann.

Hanna, was ist?

Ein Brief für dich, Vati. Von deiner Firma. Warum hast du eigentlich heute frei?

Weil ich zum Arzt muß, sagte ich doch, und weil ... also, weil ich den Arm kaputt hab.

Heintz wird blaß: um diese Jahreszeit ein Brief von Ratschek? Er legt den Daumen zum Öffnen des Kuverts an, die Tochter wartet noch immer. Nichts wichtiges, Hanna. Ich lese erst die Zeitung zuende. Wenn ich dir's doch sage. Geht jetzt einkaufen, sonst hat der Metzger das Fleisch nicht mehr.

Ich möchte nur gerne wissen, was es ist, Vati.

Neujahrswünsche, was sonst. Nimm Katja mit und paß auf sie auf!
Die Mädchen gehen. Heintz öffnet den Brief. Neujahrsgrüße, eine Gratifikation zum Jahresende, ein Sahnehäubchen zur Lohntüte, das wäre es doch wohl! Aber das wäre ein Luxus, unmöglich bei einem Menschenschinder wie Ratschek, unmöglich angesichts der drohenden Millionenverluste aus dem anstehenden Garantieprozeß.
Sie sind nicht der einzige Polier in der Gegend, Heintz, wissen Sie das? Ich frage Sie zum allerletzten Mal: wieweit darf ich mit Ihnen rechnen? ... Sie, Beßlich, Sie haben meinem Polier nicht eigenmächtig zu essen zu bringen! Herr Dr. Ratschek, es ist *meine* Sache, wenn ich meinem Kollegen zu Hilfe komme.
Jetzt hat Heintz mit der einen Hand den Brief unordentlich auseinandergefaltet. Es ist die ungeschickte, denn nur die verletzte Hand taugt zu feinerer Motorik … zum Jahresbeginn ... hiermit und ohne Aufschub ... entlassen ... für die Firma untragbar ... Ihre mangelhafte Arbeitsmoral hat zu Auftragsverlusten, Reklamationen und Ersatzansprüchen des staatlichen Auftraggebers in großer Höhe an unsere Firma geführt. Die Worte ohne Aufschub entlassen und für die Firma untragbar sind doppelt unterstrichen.
Heintz überfliegt und legt das Schreiben offen auf die Tischdecke. Er kann es nicht fassen. Er glaubt es nicht. Die Welt dreht sich doch noch und die Heizung in der Stube verbreitet warme Behaglichkeit? Aber er muß es

glauben. Da steht es schwarz auf weiß. Die Unterschrift ist nicht gefälscht: Dr. Ratschek.

Du, Rolfi, was ist? Du sollst doch fest liegen.

Der weinende Zehnjährige legt ihm verzweifelt eine Hand auf die Schulter, klammert sich an. Mir ist so schlecht.

Heintz bringt ihn ins Bett zurück. Rolfi hat schlimmes Kopfweh, von der Hirnhautreizung. Vermutlich doch eine richtige Entzündung. Hoffentlich nicht! Heintz hält bei dem jungen Elend Wache. Gleich kommt Hanna vom Einkaufen und kann den Arzt rufen. Er darf den kleinen Rolfi keine Sekunde alleinlassen.

Er kann eigentlich nichts unternehmen. Die häusliche Geborgenheit von vorhin wird ihm bewußt als ein rissiger Tapetenfilm über den Dingen, der sich jederzeit von den Wänden löst und auf ihn und die Seinen herabregnen kann. Draußen rennt ein alter Mann planlos über den Bürgersteig. Seit Tagen rennt er täglich hier vorbei. Trainiert er? Oder rennt er seine Zeit nur tot? Wird er, Heintz, das einmal ebenso machen, seine Zeit totrennen?

Eine stillgelegte Baustelle, eine halbfertige, in Teilen erst betriebsfähige Landebahn, ein ohrenschädigender schmerzhafter Lärm, ruinierte Gesundheiten und jetzt das: eine Zukunft ohne Ziel. Was wird Ratschek sagen, Auge in Auge zur Rede gestellt? Was wollen Sie denn? Der Brief enthält alle Angaben, die ich zu machen habe. Sehen Sie Ihre Arbeit: Bruch, lauter Bruch! Ein Schuldiger vor Gericht kann mir nur nützen. Beweisen Sie

mir doch, daß Sie unschuldig sind an der Stümperei. Sie schauen sich nach Verbündeten um? Der Sachverständige? Der schläft sich zu Hause von den Freß- und Feiertagen aus. Was soll er für Sie tun? Material untersuchen und unterschreiben, daß die Arbeit nichts taugt! Das kann er, sonst nichts! Der Bauleiter? Machen Sie sich nichts vor, Heintz, gehen Sie nur vors Arbeitsgericht, bitte, gern! Der Prozeß wird in frühestens drei Monaten anberaumt, vorher kommen Sie mit Ihrer Klage gar nicht durch, und dann? Wenn ich sowieso, durch Ihre Schuld, was ich beweisen werde, bankrott bin? Seien Sie vernünftig! Gehen Sie!
Heintz hört Küchengeschirr beim Abräumen klirren. Hanna muß den Brief mit den dickunterstrichenen Wörtern, den er auf der Tischdecke liegenließ, entdeckt und gelesen haben. Rolfi wälzt sich unruhig in seinem Bett. Er hat glasige Augen und redet wirr. Rolfi, gleich kommt der Onkel Doktor und dann wird alles gut.

VI.
Der neue Pastor

Gott sei dank, sie ist raus! Bin ich auch nur ein angehender Bischof oder sonst was im dritten Lehrjahr, so kann ich den Ehemann gut verstehen, der so eine penetrante Haarspalterin vor die Tür setzt. Da muß der lammfrömmste Zeitgenosse fuchsig werden und auf den Tisch hauen. Bei dem Getratsche, mit dem diese alte Quiesel einem wertvolle Zeit stiehlt. XY und XX sind geschieden und haben das dem Pfarrer in Kürenz verschwiegen. Und jetzt hintergehen sie den Pfarrer und stellen sich an für die Heilige Kommunion. Als ob ich nicht geschiedene Wiederverheiratete oder in freier Liaison oder in gar keiner Liaison lebende Liebende höchstselber an der Gemeinschaft der Gläubigen partizipieren ließe und als ob das etwas zum Erzählen wäre, Enzyklika hin, Enzyklika her. Ich sagte ihr, ob sie nicht einmal nachdenken könne über den Satz: Wer ohne Sünde lebt, der werfe den ersten Stein. Und auch über den anderen Satz: Wie kannst du auf den Dorn im Auge deines Nächsten zeigen und siehst den Balken im eigenen Auge nicht.

Das war schon zuviel. Wutschnaubend ergriff die Quiesel ihren Hut und zog Leine. Herr Pastor, Sie sind ein Atheist!

Ich lehne mich ein Weilchen in meinen Sessel zurück, falte die Hände überm Bauch zusammen und lächle meinen Schreibtisch an. Das muß schon der Herr vor

2000 Jahren erkannt haben, daß das Volk der selbstgerechten Schwätzer einem das Leben zur Hölle macht. Als ob's nichts Wichtigeres gäbe als die Frage, wer in Übereinstimmung mit den Regeln zur Kommunion geht und wer nicht. Hier wird meine heilige Mutter Kirche, leider, selber zur selbstgerechten Haarspalterin. Wie heißt es so schön in Matthäus zwölf sechsundzwanzig: Über jedes unnütze Wort, das die Menschen reden, haben sie Rechenschaft abzulegen am Tage des Gerichts.
Es klingelt. Ich höre es irgendwie am Rande. Dann klopft Irma, also meine Haushälterin, an die Tür. Ich muß gegen meine Gewohnheit eingenickt gewesen sein. Ja die Frauen! Irma, schon damals meine gute Seele, meldet jemanden an.
Richte ihm bitte aus, daß ich augenblicklich verhindert bin, Irma; du weißt, die Predigt und noch einige Besuche. Ist es etwas Dringendes? Sag ihm, er soll um acht wiederkommen.
Es scheint sehr wichtig zu sein, Engelbert, schwerwiegende familiäre Probleme.
In Gottesnamen, er trete ein.
Ein schätzungsweise fünfzigjähriger nicht gerade gepflegt aussehender Mensch tritt ein. Er blickt zu Boden und bleibt auf der Türschwelle stehen. Ich begrüße ihn mit Handschlag und bitte ihn fröhlich, sich zu setzen. Es hilft nichts. Weder stellt er sich vor noch erwidert er meinen geraden Blick. Als ich ihn nach seinem Begehr frage, nimmt er endlich, übrigens erstaunlich unzögerlich, Platz und beginnt, mir zügig seine Familienge-

schichte zu erzählen – oder soll ich gleich den Ausgang verraten –, einen ausgewachsenen Grizzlybären aufzubinden? Die Frau hätte eine schwere und leider nutzlose Operation gehabt, und weil die Krankenkasse nicht zahlte, sei jetzt seine ganze Barschaft draufgegangen. Er stecke tief in Schulden, die Frau, mittlerweile an ihrer Krankheit verstorben, habe nichts hinterlassen als Schulden, der arbeitslose Sohn, mit seinen krummen Geschichten, mehre sie noch.
Ich denke an meine Termine, Besuchsverpflichtungen, die Predigt für morgen früh: Also, wieviel brauchen Sie?
40 Mark. Damit komme ich bis Montag über den Winter. Dann macht die Bank wieder auf und vielleicht ist schon die nächste Stütze da.
Ich greife zum Portemonnaie und sage: Vorerst müssen Sie mit der Hälfte auskommen.
Unerwarteterweise verzieht der Mann keine Miene. Ist er mit dem vergleichsweise hohen Betrag in dieser Situation mehr als zufrieden oder erwartet er siegessicher, daß ich die Summe aufstocke?
Tut mir leid, ich kann Ihnen nur mit zehn Mark dienen.
Der Mann sieht demütig, mit eingezogenen Schultern, leicht nach vorne gebeugt, aber freundlich und offen zu mir rüber und ist auch mit zehn zufrieden. Ob er bei fünf Mark auch noch strahlt? Als er einen Fünf-D-Mark-Schein neben dem Zehner aus meinem Portemonnaie hervorlugen sieht, gleitet ein Leuchten über seine Stirn. Wie bei Kindern, denen sich unerwartet der Him-

mel voller Süßigkeit und bunter Spielsachen auftut. Hier haben Sie fünfzehn. Den Rest kratzen Sie sich anderswo zusammen. Und jetzt verlassen wir uns.

Der Mann ist kaum weg, ich denke über sein Schicksal nach. War es okay, ihn mit 15 Mark abzuspeisen? Wenn sein Überleben doch davon abhängt, daß er 40 bekommt? Aber 15 Mark sind auch ein Geld, und wenn jeden Tag mehr davon kommen, reicht mein Pastorengehalt nicht mehr aus, Irma zu entlohnen.

Irma, die Predigt für morgen schaff ich nicht mehr. Leg mir doch bitte das Konzept vom vergangenen Samstag heraus, das von der Trauung. Das war ganz gut und mit Weglassen der Adressaten, liebe Brautleute, liebe Anverwandte und Freunde des Brautpaars, kann ich das morgen wiederverwenden. Wir müssen unsere Beziehungen aktiv pflegen, wir müssen aufhören, uns überall bedienen zu lassen. Das paßt. Im Beziehungsleben, in der Wirtschaft und ebenso, wenn wir krank sind. Der Arzt kann nicht alles machen. Und auch nicht der Priester und auch nicht der Staat. Wir müssen selber etwas tun ...

Der Bettler sollte auch etwas für sich tun. Aber vielleicht hat er schon viel für sich getan und er gehört zu denjenigen Fällen, in denen das Schicksal stärker ist. Und dann auch: Betteln ist schwer, eine große Anstrengung, eine unvorstellbar große Anstrengung, die Überwindung des eigenen Stolzes.

Aber es ist doch keine passende Antwort auf das Leben. Aber ich hab gut reden mit meiner Beamtenpension.

Richte nicht über den Dorn im Auge deines Vetters und hast doch selber einen Balken vor dem Kopf … Es steht einem Christen nicht zu, seinen Nächsten zu verurteilen …

Wenige Minuten später sitze ich auf meinem alten Dreigangrad und komme mit verspritzten Hosen, es regnet Bindfäden und das Cape schützt vor Regen nur von oben, am kleinen Häuschen von Frau Lindholm an. Die Vierundachtzigjährige empfängt mich wie immer mit leuchtenden Augen in ihrem kleinen gemütlichen Wohnzimmer. Ich berichte ihr, warum ich heute später komme als sonst.

Ja das Regenwetter und der Sturm.

Es hat keinen Zweck, ihr den Bettler zu wiederholen, sie rafft es nicht. Keine Chance, den liturgischen Ablauf der Fragen und Antworten zu bereichern. Ich frage sie, ob Schwester Hiltrud dagewesen sei.

Wer ist Schwester Hiltrud?

Schwester Hiltrud soll täglich nach Ihnen schauen.

Ich habe keine Tochter, Herr Doktor.

Auch gut. Die Küche ist aufgeräumt, das Klo sauber, also war der Pflegedienst vorhin da. Dann beten wir gemeinsam ein Gegrüßetseistdumaria und ich gehe. Die Dame versucht nicht, mich zu halten wie sie manchmal tut; am Fernseher läuft eine Tiersendung, da verzichtet sie auf das Vaterunser. Die alte Dame strahlt. Was ist schöner, als Gottes Kreaturen glücklich zu sehen?

Unerfreulicher verläuft der Diskussionsabend im Kolpinghaus zur neuen Richtlinie für den Umgang mit wiederverheirateten geschiedenen Christen. Der Papst hat in seiner neuen Enzyklika die Unauflösbarkeit der Ehe und den Wert der Familie neu bestätigt. Die Bischofskonferenz schloß sich selbstredend seiner Haltung an. Wird unsere Kirche denn niemals die Menschen in ihrer Lebenswirklichkeit abholen lernen? In der Praxis handeln wir doch sowieso nicht immer, wie die offizielle Lehre von uns verlangt. Aber vielleicht wäre schärfer kontrolliert und ich suspendiert worden, als es noch genügend Priesteranwärter gab und sich die linientreuen Kapläne nach fetten Pastoralpfründen nur so die Finger leckten?

Besonders unangenehm war mir die Anwesenheit der Frau, die mich am Abend im Pfarrhaus heimgesucht hatte. Sie fragte doch geradeheraus, wie ich privat zur Enzyklika des Papstes stehe. Du kannst als katholischer Priester öffentlich nicht zugeben, daß du Schwierigkeiten mit den Vorgaben aus Rom hast. Das könnte dich die Stelle kosten. Wie den Theologen neulich, den Kölner Professor, dem der Kölner Kardinal die Lehrerlaubnis entzog, weil er offen das zu tun bekannte, was die Hälfte aller Kollegen tut, nämlich wissentlich geschiedenen Wiederverheirateten auf deren Wunsch die Kommunion geben, und weil er darüber hinaus verlangte, daß die Kirche ihre harte Linie verläßt. Also sage ich etwas Bestätigendes. Ich sage: Ich teile die Sorge des Papstes um den Bestand von Ehe und Familie aus vollem Herzen. In der Lebenswirklichkeit gilt es gleichzeitig immer wieder, Barmherzigkeit zu üben und das mit-

menschlich Richtige zu tun.
Aber wie stehen Sie konkret dazu?
Ich wiederhole das Gesagte, mehr erfährt niemand von mir. Wie ich diese selbsternannten Tugendwächter hasse – nicht urteilen, Engelbert! Noch schöner, den Dorn im Auge der anderen schmähen und die eigenen Schranken übersehen! Ich fürchte, die Dame spioniert für Opus Dei und erstattet morgen Bericht beim Generalvikariat.
Endlich, nach langwieriger Debatte, die sich gebetsmühlenhaft im Kreise dreht und keine Klärung bringt, komme ich weg. Es schüttet immer noch. Doch ich habe glücklich mein Cape übergezogen und begebe mich, das Alleinsein in der regensauberen Luft genießend, eben auf den Nachhauseweg, als mir eine Gestalt aus der benachbarten Gastwirtschaft stolpernd vors Fahrrad fliegt. In Gedanken bei der Spionin von vorhin, trete ich aufs Rückpedal und lasse mich auf die Seite fallen. Meine rechte Hand schürft sich schmerzhaft auf dem nassen Asphalt auf, das Papier der Bischofskonferenz zur Enzyklika des Papstes fällt in eine ölige Pfütze, die Halterungen meines Capes und das Gummi reißen, meine Schulter tut augenblicklich weh und ich lande mit dem Hosenboden irgendwo im schlammig Nassen. Gott sei dank blieb die gestürzte Erscheinung unverletzt.
Aber ich lobe den Herrn zu früh. Brüllt der Besoffski doch furchtbar los und fällt mit geballten Fäusten über mich her. Ich schaff's gerade noch, die Hose aus dem Kettenkranz zu zerren und mich auf die Seite zu drehen, sonst hätte ich die Prügel voll abgekriegt. Nun landet

aber der Besoffski platt auf seiner blaumelierten Nase. Herbeieilende Kneipenbesucher helfen mir auf und richten das Rad, das sich verbogen hat. Es sieht ziemlich malad aus. Die Werkstatt freut's. Ich beuge mich humpelnd und mit verrenkter Schulter über den Kerl, der so zu ist, daß er nicht mehr aufkommt. Wer ist es? Ratet! Richtig, der Kerl, der mich am Abend mit seiner Familientragödie von der Predigt abgehalten hat. Man kennt seine Spezies, werdet ihr sagen. Aber wie heißt es so schön: Zeige nicht auf den Dorn im Auge deines Nächsten, während du den Balken in deiner eigenen Optik übersiehst. Wer ohne Sünde ist, der werfe den ersten Stein. Und der andere Spruch zur Dreizahl dann auch noch: Auf 99 schwarze Schafe kommt eines, das zum Guten findet.

Das Grunzschwein kann nicht mitten auf der Straße übernachten! Fragt den Wirt, ob der Kerl im Gasthaus schlafen kann! Die Kosten übernehme ich!

Toitoitoi lehnt der Wirt, in Anbetracht der Fahne des Mannes und weiterer Nebenerscheinungen der Trunkenheit, meinen Vorschlag ab, und so landet der Mann in einer staatlich subventionierten Ausnüchterungszelle. Zu den Kosten für ein neues Cape, eine neue Aktenmappe, die Wiederbeschaffung der kirchlichen Papiere, die durch die nasse Landung unbrauchbar geworden sind, und eine neue fahrradtaugliche Hose kommen am Ende dieses Glückstages also nur noch Taxi und Fahrradreparatur.

Irma, das müssen wir mit einem ordentlichen Schnaps begießen.

VII.
Lichter den Strom lang

1

Nicht würde ich in diesem Kino beginnen, hätten sich nicht zur selben Zeit zwei Kommilitonen und der Junge, den ich liebe, im Umkreis aufgehalten. Ich hatte Robert, der kürzlich als Leutnant der Reserve entlassen worden und auf der Suche nach einem Job bis zum Beginn seines Pädagogikstudiums ist, zusammen mit seiner Frau eingeladen. Ich zahlte die Eintrittskarten und Hella zahlte die Getränke, Berliner Weiße mit Schuß für sich und Robert, Zitro für mich.

Während die Zigarettenreklamen laufen, tritt Werner ein und sucht sich und seiner Begleiterin einen Platz. Werner war mit mir in derselben Klasse. Er kommt in Begleitung einer Frau, die ich nicht kenne. Werner ist ziemlich kräftig geworden und wird bestimmt einmal korpulent, wenn er so weiterlebt. Er hat schon damals gern Bier getrunken, wenn wir in einer Freistunde in den Pub unfern der Schule gingen. Er hat ein hübsches Gesicht. Er war von allen der Teddybär und in den letzten Schuljahren unser Klassensprecher. Sein Auftauchen überrascht mich. Aber ins Kino gehen samstags viele, wenn auch nicht mehr so viele wie noch vor Jahren, als es kein Fernsehen gab. Und dann ist das ein umstrittener Film. Er durfte erst nicht gezeigt werden. Erst vor einer Woche gab die Behörde zur Überprüfung pornografischer Schriften und Filme ihn frei.

Im Nebel der Zigaretten, die in erdrückender Masse geraucht werden, hat ein Jürgen und mir gemeinsamer Kommilitone, Käsebrecht heißt er, der mit Jürgen öfters zusammen ist, vorne rechts Platz genommen. Ich vermute, daß Jürgen sich in der Stadt aufhält, jedenfalls sah ich gestern seinen Renault 16 vor einem Lokal in der Stadtmitte. Und so hoffe ich sehnlich, daß er und sein Kumpel Melchisedech noch kommen.
Der Film hat begonnen. Eine entblößte Araberin streift ihrem Herrn, einem Burschen von siebzehn Jahren, der einen entwickelten Schnurrbart hat, unter dem er lachend ein unregelmäßiges Pferdegebiß hervorkehrt, das Obergewand vom Leib und ohne Einhalt den weißen, unterhosenähnlich gewundenen Lendenschurz von der Scham. Im hinzuzudenkenden Beisein der Techniker, des Kameramanns und der Regisseurin schreitet er in freier Begierde auf die Lagerstätte seinem ersten Koitus entgegen. Seine Gesäßhälften verdecken die Sicht auf die Unterlage.
Das hat doch eine Regisseurin gedreht, nicht wahr, mit einem männlichen Pseudonym? Eine mit einer Behinderung so wie ich. Regisseurinnen verstecken ihre Identität gerne hinter Namen des starken Geschlechts. Andererseits, wenn die Regisseurin wirklich ein Mann ist, dann weiß er beziehungsweise sie sehr gut, was Frauen sehen wollen. Zumindest Frauen wie ich. Gibt es kontinenteübergreifende Seelenverwandtschaften?
Ein Scheich lädt junge Farbige ins Zelt. Ich merke, daß ich mich auch an die Nacktheit Dunkelhäutiger gewöh-

nen könnte. Gleichwohl entspricht die Szene meinem westeuropäischen Geschmack nicht sehr. Ich habe nichts gegen Farbige. Ich habe überhaupt nichts gegen fremde Menschen. Aber bin ich darum verpflichtet, sie erotisch zu finden? Ich mag doch auch nicht alle Menschen weißer Haut. Und ich selbst, falle ich mit meiner desolaten Hand nicht auch so etwas wie aus dem Rahmen deutscher Normalität? Finden mich etwa alle begehrenswert?

Erregung macht sich verborgen im abgedunkelten Zuschauerraum breit: eine Verführungsszene. Junger Mann begattet im Tiefschlaf liegendes Mädchen im Beisein entzückten Altehepaars. Im Anschluß beschläft erwachtes Mädchen Jünglingsschlummer. Besonders die über dem Kopf verschränkten Arme, denn auch nach dem Koitus bleiben die Achselhöhlen nach oben geöffnet, bezeugen Tiefschlaf. Eine nach Vollzug des Akts emporschnellende Bewegung des entsprechenden Körperteils macht handgreiflich, daß alles ziemlich echt ist.

Wieder spähe ich über die Köpfe vor mir und über Werners Kopf hinweg in Richtung Käsebrecht. Wenn wenigstens das dunkle Bartgesicht Melchisedech dasäße als ein sicherer Hinweis auf Jürgens Nähe! Ich würde ihn dann irgendwann unterscheiden mit seiner leicht abgeflachten Haarwirbelpartie. Die entginge mir nicht. Gisela, nicht über die Köpfe schweifen! Vorn spielt die Musik!

Eine feste Tischplatte von einer knappen Stuhlbreite für Getränke und Aschenbecher trennt die Sitze. Darunter

haben wir die Mäntel gelegt. Hier ist der Boden immer sauber, beschwichtigt Robert. Ich lese in seinem Gesicht, daß er sich kritisch, aber nicht übel bei dem Film unterhält.
Werner wird von Ekelempfindungen sprechen angesichts der unästhetischen Weiber und Typen in dem Film.
Verspätete Gäste. Kopfwenden. Jürgen und Melchisedech trudeln sonst geradezu gewohnheitsmäßig verspätet ein. Aber Jürgen kommt nicht.
Ein Mann und eine große Nacktrolle. Königssohn, dessen Hand, schicksalsgesteuert, einen Knaben ersticht. Nun entsagt er seinen Rechten und wird Bettelmönch. Bei einem Schiffbruch war er als einziger mit dem Leben davongekommen. Nackt schwamm er auf die rettende Insel zu, ließ sich vor einer verderbenbringenden Ritterrüstung nieder, die er, mithilfe eines Pfeilundbogens, den ihm das Schicksal zu Füßen legte, ins Wasser stürzte. Die Insel versinkt im Meer, das er nackt durchschwimmt. Er erreicht nackt eine andere Insel. Hier setzt ein Vornehmer gerade seinen fünfzehnjährigen Sohn zwecks Abwendung eines dunklen Schicksals ab. Hinter einem Deckung gewährenden Felsen verborgen, verfolgt er nackt umherlaufend die rührende Abschiedsszene, betritt, nachdem das Schiff ausgelaufen ist, nackt die unterirdische Zuflucht und erschrickt den Schicksalsbedrohten. Er beruhigt ihn, der Knabe gewinnt ein Zutrauen, sie finden aneinander Gefallen.
Werner wird später, wenn er sich über die unhübschen

Darsteller mokiert, eine Ausnahme machen: Allein der Typ, der den Jüngling getötet hat, besaß einigermaßen Figur, aber auch er vergaß fast, auszuatmen. Ihm tut es um jeden Pfennig bezahlten Eintritts leid, und er fügt noch hinzu: Ein Film für frustrierte Frauen, ausgesprochen für zukurzgekommene Frauen, und lächelt nüchtern, als ich das mit einem So? kokett infragestelle, als wolle er sagen: Stimmt ja, du hast das nie angesprochen seit damals, das mit deiner Hand; entschuldige, ich vergaß, du kannst ja nichts dafür.

Jetzt steht der Hübschling frontal zum Knaben und zur Kamera. Er tritt näher, vielleicht auf zehn Schritt, hält wieder inne, spricht begütigend. Sein Verhalten, sein vertrauenerweckendes Äußere versprechen edlen Charakter. Königlich bietet er sich zur Schau. Nichts regt sich. Er ist über eine Bewegung erhaben. Nur seine leicht eingewinkelten Weichen spielen verhalten Lockung. Den Darsteller ficht die Nähe des Filmteams nicht an. Sehr natürlich schreitet er auf den Jungen zu. Der sitzt auf einem fürstlich breiten Bett, das sie teilen werden. Jetzt hockt der Darsteller nieder, sein Gesäß gibt die Muskelanspannung dem Objektiv und all den Millionen Zuschauern preis. Auch eine Zukurzgekommene darf für ein paar Mark Eintritt an der Schönheit partizipieren. Du siehst, ich trage keine Kleider. Doch obwohl du mir fremd bist, sehe ich, daß du ein Zutrauen zu mir faßt und dich am ungezwungenen Dreieck meiner leicht eingebogenen Weichen freust, sagt diese Haltung. Der Knabe reagiert. Mit dem letzten Mißtrauen läßt er Scheu und Gewand fallen. Ein Stück dem Märchen entnommener Dialog noch, und sie steigen ins Bad.

Und ich will schon seit Wochen mit Jürgen reden und weiß nicht, wie! Ja, es gab Zeiten, Völker, Orte, doch wenigstens im Umkreis der Dichter, der Filmemacherinnen und Märchenerzähler, wo vieles so einfach, frei und gut war.

Krampfhaft stelle ich mir Jürgen vor. Als den Prinzen. Seine unaufdringliche Selbstsicherheit. Ich wünsche, ich wäre in der Rolle des schüchternen Knaben, der sein unsicheres Verhalten abwirft. Jürgen nähert sich mir, Jacke, gelbbraunes Rindsleder, hellblaue Hose von guter Qualität in Jeansform. Mein Blick verharrt auf seinen Beinkleidern. Sie umschließen seine Oberschenkel wie eine zweite Haut und bringen die Hüften, ohne abzuzeichnen, schön zur Geltung. Er geht vor mir in die Hocke. Ein in einem Rotton glänzender Schuh solider Güteklasse schaut unter dem Hosenschlag des vorgestreckten Beines hervor. Eine Hand legt sich beschwichtigend auf meine Hand, auf die Hand, die ich erschrocken unter der Achsel verberge: Ich weiß es, ich habe es herausgefunden. Als du das eine Seminar neben mir saßest und mit mir redetest, da ist es mir aufgegangen. Du hoffst, daß ich es übersehe und daß du, nun, daß du ... mir gefällst.

Und in Gedanken taste ich wieder den Zuschauerraum vorne ab: Käsebrecht, der unermüdlich zur Vernebelung im Saal beiträgt, ein paar unbekannte Köpfe, aber weder

Melchisedech noch der geliebte Prinz. Nichts. Ich kann mir Jürgen nicht als Prinzen wie den auf der Leinwand vorstellen. So an ihn denken wollen, endet in zermürbender Verwirrung. Ich versuche es umsonst.
Laute Zwischenrufe aus dem Saal: Wie Billy the Kid! Gefärbt wie Udo! Eine Dreiergruppe vorn links initiiert ein Gelächter. Stadtbekannte Personalie: Udo heißt so ein schriller Verkäufer bei Kaufhof. Jemand wagt Pscht, doch die Bürschchen vorn schicken weitere Bemerkungen in den Raum. Perverser Film! Wir sind normal! Scheiße!
Jetzt hat der Film sein Stigma weg. Ich bin nicht das einzige stigmatisierte Wesen in diesem Saal. Über die Kontinentgrenzen hinweg geben wir uns die Hände, die verkrüppelten.
Wir erheben uns von den Sitzen und verlassen das Kino. Werner ist vorausgeeilt und befindet sich schon am Ausgang, als wir den langen Korridor betreten. Wir gehen noch an ihm vorbei. Er hält der andern die Tür seines 2 CV auf. Wir fahren mit Hellas Kleinwagen heim.
Als wir den Parkplatz verlassen, mache ich ein Fahrzeug vom Typ Jürgens vor der Pizzeria gegenüber aus. Es ist stark verschmutzt, genau wie gestern, als er im Regen die Fahrt von Koblenz hierhergemacht hat. Im Vorbeifahren erkenne ich das Kennzeichen Koblenz CP fünf drei acht.
Robert, der, frisch im Besitz des Führerscheins, Hellas Wagen fährt, setzt mich an der Alleenkreuzung ab. Ich überlege, ob ich zurück soll. Jürgen findet immer güns-

tige Parkgelegenheiten. Fast immer steht sein Auto an derselben Stelle vor der Uni, und wenn ich es in der Stadt sehe, hat er es wenige Schritte von dort abgestellt, wo etwas los ist. Erfahrener Parklückennutzer mit gründlicher Fahrausbildung im verkehrsdichten Koblenz brilliert im Verkehr.

Ich könnte ihn ausmachen, wenn er sich drinnen aufhält, auf unsern gemeinsamen Kommilitonen Käsebrecht wartend, der hinter uns das Kino verließ und mit ihm und Melchisedech und vielleicht Elvira Laav, die dabeisein könnte, verabredet ist.

Doch nein, es ist sehr spät. Die Mappe, in der ich einige von Robert ausgeliehene politische Bücher trage, zieht mir am Arm, dem besseren, den ich noch benutzen kann. Tragen kann ganz schön müdemachen. Ich schiebe durch den mitternächtlichen Nieselregen nach Hause.

2

Der Direktor ging in Pension. Zur Verabschiedung übte unser Schulorchester eine bescheidene Ouvertüre ein. Ich half am Klavier aus. Der Part war mit einer Hand zu bewältigen. Ich hatte mir die Fertigkeit erworben, leichte Partien überzeugend mit einer Hand zusammenzufassen. Viele kleine Sonaten schrieb ich für mich persönlich um. Leider sind die anspruchsvollen Klavierkonzerte von Ravel und dem österreichischen Komponisten Franz Schmidt für einen Pianisten mit intakter linker und ohne rechte Hand geschrieben. Ein Bruder des berühmten Philosophen Ludwig Wittgenstein, ein bedeutender Pianist und reicher Mann, hatte im Krieg die rechte Hand verloren. Er gab bei diesen renommierten Komponisten diese Konzerte in Auftrag.

Einige aus dem Orchester blieben nach der Probe zurück und überlegten, ob sie in den Festakt noch etwas Besonderes einschieben könnten. Sie überredeten mich, bis nächste Woche eine Kammermusik für Streicher und Klavier rechte Hand zu versuchen, was mir zur allgemeinen Bewunderung meiner Schulkameraden gut gelang. Sie waren begeistert. Ein Bratscher, den ich erst seit meinem Einspringen im Orchester kannte, blieb nach der Beratung noch zurück. Laß uns zusammen etwas improvisieren, Gisela, du bist musikalisch eine Wucht.

Immerhin musikalisch. Zu mir selber meinte das allen Bemühungen zutrotz keiner. Zumindest keiner, von dem ich es gern gehört hätte.

Wir improvisieren. Anschließend gehen wir gemeinsam hinaus. Das Vertrauen überrascht mich, womit der Bratscher mir, ich hatte nie mit ihm gesprochen, der Ältere der Jüngeren, ohne Umschweife Dinge aus seinem Leben erzählt, ziemlich intime sogar. Wir wollen uns jetzt öfters treffen.

Vierzig große Pausen von da an, die Hälfte kleiner Pausen zwischen den Unterrichtsstunden und ein Dutzend Nachmittage und Abende werden wir miteinander verbringen. Wir sprechen über Grafiken, die er in Arbeit oder vollendet hat, Musik, einige bescheidene Melodien von mir, die er viel höher schätzt als ich, ja, die ich längst vernichtete.

Robert, vielleicht ist es nicht ratsam, daß ich die Fähigkeiten, die du mir zuschreibst, ständig herabwürdige. Er hatte sich nach seinen ausgiebigen, vergeblich gebliebenen Einwänden gegen mein apolitisches Verhalten offenbar noch nicht umgestellt und schaute mich verständnislos an. Am Ende zerstöre ich dein positives Bild von mir. Vielleicht beherrsche ich wirklich besser mein Instrument mit der einen Hand, habe wirklich schöner komponiert und wirklich mehr Grips im Schädel, als ich denke.

Über sein Gesicht ging irgendein Ruck – Raffung einer nicht vollzogenen Fließbewegung, Bereitstellung von Aufmerksamkeit für weitere Erläuterung.

Mein Andante hatte recht starken Ausdruck und formale Rundung im Stil unsers Lieblingskomponisten Beethoven. Für Robert sah es ein Bratschensolo vor.

Gewiß, es hat sentimentale Momente gegeben zwischen uns, auch von seiner Seite. Gewiß war es sentimental, als er, kurz nachdem ich Hella kennengelernt hatte, einmal niedergeschlagen fragte, ob ich ihn nun untreu finde und den Kontakt einzustellen gedenke. Ich hatte ihn zum zweiten Mal nicht wie sonst aufgesucht und wir waren einander erst am Schluß der großen Pause beim Hineinströmen der Pennäler ins Gebäude wie zufällig über den Weg gelaufen. Aber muß ich denn jeden Tag nur mit dir reden? Ich verliere den Kontakt zu meiner Klasse, Robert.

Nun sind wir beide mit der Schule fertig und werfen

Flugblätter in die Briefkästen der ruhigen Straße. Siehst du, Robert, wenn es unser, nun ja, Ruf nach Rückenstärkung nicht ist, der uns aneinanderbindet, so werden Vorzüge herhalten müssen. Und wenn wir keine Vorzüge haben, werden wir uns Vorzüge einreden müssen.

Im Oktober finden Kammerkonzerte statt. Für eines überredet er Hella, mitzukommen. Hella mag klassische Musik überhaupt nicht. Fast verliert sie die Nerven, wenn Robert stundenlang neben seinen Groups noch Sinfonien, Duosonaten, Bratschenkonzerte hört. In der Pause verlassen wir die Wandelhalle. Er raucht seine Zigarette, Hella zieht einige Male daran, er bietet mir spaßeshalber an, seine Taille von der andern Seite zu nehmen und mit Hella gemeinsam an dieser Stütze zu partizipieren, ich lehne respektvoll ab. Er ist Feuer und Flamme, während ich, wie ich zugeben muß, mit der Großen Fuge noch nichts anzufangen weiß. Das hat sich erst jetzt, vier Jahre später, in der Uni-Musik-AG geändert. Wir schlendern zurück, er wendet Hella ungehemmt seine Zärtlichkeiten zu. Sie hält sich unserer Fachdiskussion fern und trödelt mit Unbehagen die breite Treppe zum Konzertsaal wieder hinauf. An einer Barocksäule küßt er die sauertöpfisch Dreinblickende, sich überflüssig Vorkommende, zieht sie intim an sich und sagt: Wirst du mir lange böse bleiben?

Wenn wir an unsern Vorzügen zweifeln und auch keine an uns erfinden, nicht einmal den Vorzug, der Stärke des andern zu bedürfen, so werden gemeinsame Interessen uns zusammenschweißen müssen. Und wenn von

denen nur spärlich übrig sind, ja dann, wie soll es weitergehen?
Natürlich gewährt er mir, zumal er seine Einwände gegen mich in meiner Funktion als politische Entscheidungseinheit präzise formulierte, keineswegs die Genugtuung, wie ein begossener Pudel dazustehen. Ich meinerseits beharre auf meinem Widerstand, auch wenn mir zum Schlechtwerden zumute ist, denn ich hasse es, wenn jemand das Gespräch zu dirigieren versucht. Es entstehen in Augenblicken, wo wir uns so schroff aneinander reiben, zwei unvermittelte Fronten. Seine Rhetorik, wenn er darin schwelgt, mag ich dann gar nicht, und ihn selber eigentlich auch nicht, seine Häufung von Superlativen, wo ein einfaches Wort eindrucksvoller wirkte, seine starken Adjektive, wo Distanz mehr überzeugte, seine Pathetik, wo ein schlichtes Urteil dem Gegenstand näherbrächte. Er befleißigt sich dann einer gesuchten Verbalgewalt, und eine leere Wiederholung, eine blasse Überbetonung, eine flache Entlehnung aus dem Militärjargon, eine bemüht künstliche Schweinerei kommt heraus. Seine Rhetorik ist mir in solchen Momenten sogar bis zum widerlichen unsympathisch.
Robert spricht auch ziemlich taktlos, wie ich finde, immer wieder von den großen Dingen, die er wochenendes mit Hella treibt. Tat er übrigens auch in ihrem Beisein in der Pause jenes Beethovenabends.
Am andern Morgen in der großen Pause gebe ich mir dann eine dumme Blöße, indem ich mich entrüstet über die Form äußere, wann und wo er seinen Gefühlen für

Hella Ausdruck verleiht.
Jetzt sollte man das Andante, das du mir seinerzeit gewidmet hast und das die Schlappmänner einschließlich mir, er übertreibt, nicht schafften, uraufführen. Wir bekämen ein paar gute Streicher zusammen, du den Klavierpart, ich begnügte mich mit der Rolle des Toningenieurs, der es für die Ewigkeit festhält. Es ist ja so schön, dein Stück, so irrsinnig schön. Der harte bestimmte Tonfall seiner schon polemischen, aber nicht wie sonst oft abgeglittenen Rede ist verflogen.
Genosse, kannst du mir noch ein paar Einladungen geben, meine sind ausgegangen? Der Vormittag ist kalt und verregnet, meine Hand ist steif von der kalten Feuchtigkeit der Propagandablättchen, die wir gleichmäßig an die Haushalte verteilen. Nicht, daß ich in irgendeine Partei eintreten könnte, von meiner unscharf umrissenen politischen Anschauung her und ungeachtet Robert in seiner Diskussion ständig versucht, mich von der Notwendigkeit meines Engagements zu überzeugen. Ich mache das bloß, weil ich ihm beim Aussteigen aus Hellas Kleinwagen gestern versprach, beim Austeilen zu helfen. Eigentlich eine Schnapsidee für eine Einhändige, die in einem Wetter wie jetzt keinen Schirm aufspannen kann. Noch anderthalb Straßenzüge liegen vor uns, dann sind wir durch.
Mir wurde klar, eine schmalere Grundlage, als wir dachten, verbindet uns und macht eine sinnvolle Kommunikation zwischen uns möglich: unsere Vorliebe für klassische Musik und daß er gewisse Fähigkeiten von mir so

hochschätzt. Oder die Reifheit meiner Ansichten (wenn er wüßte!) oder meine gebildete und überlegte Ausdrucksweise (nun ja) oder das Wertlegen auf gute Kleidung. (Was bleibt mir schon. Wenn er soviel kaschieren müßte!) Ich wiegle ab: Ich muß ja nicht gleich verwaschene Jeans tragen mit Flicken auf den Knien, Hochwasser, durchlöcherte Socken, durchgelaufene Turnschuhe so wie du.
Robert bringt sein Geld in Musikaufnahmen und Genußwaren ein und verhehlt nicht, daß ihn die Anschaffung seiner neuen Anlage mit Aufnahmefunktion und allen Schikanen ausgebrannt hat. Ich bringe ihm Stücke zum Überspielen (keine Angst, er tut's nicht gewerblich) und er leiht mir dafür ständig Bücher aus seiner politischen Bibliothek.
Eigentlich mag ich Robert wie einen kämpferischen älteren Bruder. Oder einen älteren Cousin. Er fasziniert mich und ich fasziniere ihn. Daß ich wenigstens die Melodiehand, die rechte, normal gebrauchen kann!
Ununterbrochen läuft die neue Anlage. Eben lud ich ihn und Hella zu dem Kino ein und kabbele mich noch über unterschiedliche Auffassungen von Beethovens Eroica unter Karajan und Klemperer. Wir erhitzen uns sogar. Diese Konzerte und Auseinandersetzungen immer. Manchmal wird es zuviel.
Wir wechseln in die Küche, wo er einen Kaffee brüht. Im Augenblick, als wir uns setzen, erfahre ich, daß er sich im Grunde für stinknormal hält, folgere daraus, daß mit Hella zur Zeit alles in Butter ist, fühle mich einem

gewissen Wortschwall ausgesetzt, bei dem zutagetritt, daß ihm mein mangelndes politisches Interesse allmählich zum echten Ärgernis wird, merke, daß er nicht aufsteht, die Anlage, die längst Ruhe gibt, auszuschalten, und unterdrücke schließlich die Überraschung darüber, daß er mich nur eines: von seiner Anschauung mit aller Kraft überzeugen will. Weißt du, was ich vermute? Bei dir liegt's an fehlender Information. Stecke die Nase in die Zeitung, und du wirst wissen, daß in ... wöchentlich fünfundzwanzigtausend insbesondere an ... ausfallen ... weshalb ... so wenig Lehrkräfte ein, machen, wie du korrekt ... zur Voraussetzung ... Die Hoch ... sind überlaufen. Ausgebildet wirst du, doch dann sieh zu, wo du ...

Schau in die Zeitung! Fünfundsiebzig ... gegen den Anschluß ... knappe fünfundzwanzig, unter denen bedankenswerterweise du ... wenngleich ich deine Art von Haltung, mit der du zur Wahlurne gehst, verurteile. Nur ein knappes Viertel also für ... Aber gleichzeitig nimm, bitte, gefälligst zur Kenntnis, daß nur vierunddreißig Prozent ... beteiligten! Eine statistische Untersuchung auf unsere Initiative ... überwiegende Mehrheit für Anschluß ... sich keine Erfolgschancen ... folglich nur deshalb, und nur deshalb daheim ...

Ach ja, er spricht über die gescheiterte Volksabstimmung zur Zusammenlegung der Bundesländer Rheinland-Pfalz und Nordrhein-Westfalen. Dabei trinkt er Kaffee, den er mit zehn Würfeln Zucker und einer Menge Kondensmilch süßt. Ich höre geduldig zu, die Rechte leger auf dem Tisch, die Linke am Stuhl seitlich herunterbaumeln lassend wie immer, wenn ich an sie denke und sie verstecke. Ich finde, daß mich Roberts Eifer ziemlich negiert, aber auch ich negiere, wovon er mich überzeugen will. Dazu bin ich stark genug, und auch berechtigt, auch als Frau.

Drei Punkte wenigstens hätten die vielen, die zu NRW geneigt, sich aber nicht an der Abstimmung, aus genannten Gründen, beteiligten, mobilisieren müssen ... und drittens alle ...

Bei jedem Punkt seiner Darlegung nicke ich Richtig. Indessen sei mir, abgesehen von dem augenscheinlichen Minderheitenproblem in den Kyllgemeinden, dies längst bekannt und das habe, was er mir zutrauen dürfe, meine Entscheidung beeinflußt, ungeachtet mir nur ein einziger Grund vor dem Reporter von Südwest drei bei dieser dummen Befragung eingefallen sei. Robert setzt die Tasse ab, schaltet einen neuen Gang ein, fährt fort, grundsätzlicher, aber im Redefluß von zuvor:

Was man uns in der Schule über das Grundgesetz beibrachte, ist nichts wert. Man lese das Grundgesetz, jeder für sich, unter folgenden Gesichtspunkten aufmerksam durch: a – welche Rechte und Pflichten habe ich und darf ich in Anspruch nehmen, und b – welche Rechte und Pflichten muß, jawohl muß ich in Anspruch nehmen. Was nützt Versammlungsfreiheit, wenn ich mich nicht versammle, was nützt Meinungsfreiheit, wenn ich den Mund halte und keine Meinung ... Jedes Handeln wie aber auch, und das merke dir, jedes Nichthandeln, jedes unterlassene Handeln ist politisches Handeln. Warum können Parteien ungestraft glänzen mit ihren ... mit der Zufriedenheit ... mit der Berechtigung ihrer eingefahrenen Positionen? Weil nur ein paar Wache, Aufgeschlossene den Mund auftun und der Rest … Und hier erhebst du, bei aller echten und anerkannten Selbständigkeit sonst, dich kein Jota über die desorientierte gleichgültige Masse.

Eine Stunde oder länger hat Robert versucht, meinen seltenen und gedrückten Einwänden den Boden zu entziehen, und ärgerte sich nun auf dem Weg zur Telefonzelle, wo wir die Karten vorbestellten, daß es nichts brachte. Sein Ärger erschien echt, tief, eine Spur betrübt. Ich versuchte, was mir nicht gelang, wegwischende Miene aufzusetzen. Manches von seinen Äußerungen trifft mich. Aber was kann er um die Ursachen wissen, was sollte er von jenem Studenten, diesem einzigen hautnahen Problem, was sollte er von Jürgen Offenhuth wissen? Einmal am Anfang unsers Gesprächs ihm etwas gesagt – Du, Robert, ich bin verliebt, unglücklich verliebt –, weil es schlicht endlich einmal hat gesagt werden müssen, schließlich ist man so etwas wie befreundet … und die Sache ist zu den Akten gelegt. Den Aufnahmen, die ich ihm ausleihe, den politischen Abhandlungen, die er mir ständig überläßt, eigentlich auch diesen seltenen Einladungen ins Kino haftet längst diese Verlegenheit an: man sucht nach äußeren Anlässen, um sich noch zu treffen.

Vorhin hat er noch ein paar Bemerkungen zum Film

gestern nachgetragen: In der Verführungsszene wetten im Original nicht zwei Vornehme, wer von beiden Schlafenden mehr geliebt wird und darum als der Schönere zu gelten hat, sondern zwei schaulustige Dämonen.
Ich stecke den Rest Einladungen und Wahlkampfzettel in Roberts Tasche, ziehe Handschuhe über klammkalte Hände, spanne endlich den Schirm auf und wir machen uns aus dem Bezirk. Er spricht, ich höre zu, aber nur mit halbem Ohr. Ich kann, ich will nicht sagen, wie elend mir ist. Seine Argumente schaffen mich. Wie komme ich mir vor! Nicht ein Fingerschnalzen versteh ich von der Welt! Ich laß mir Informationen, die notwendig sind, entgehen! Ich bin im Rückstand, ich kann den Anschluß nicht finden! Ich muß lernen, lernen, lernen. Dabei sieht alles so einfach aus. Aber gerade das Einfache, das Grundlegende, gerade das begreife ich nicht, überall, überall begreife ich es nicht.
Ich gehe neben Robert her. Es ist das noch immer nicht vorüber, nicht ganz. Etwas will bleiben, sobald er, wie jetzt, entweder schweigt oder ich nicht hinhöre oder, wenn er spricht, er von seinen rhetorischen Manieren abläßt und schlicht, wie er sein kann, richtig sympathisch, mitteilt, was ihn bewegt.
Ich dachte, du wolltest noch auf einen Sprung mit mir nach Hause kommen. Dann also bist du nur gekommen, mir die Flugblätter austeilen zu helfen?
Richtig. Wir waren doch gestern bis zum Überdruß zusammen, im Kino, stimmt's?
Wir geben uns, wie immer, recht fest die Hand. An der

Ampelkreuzung trennen wir uns.
Dieser Tage treffe ich ihn per Zufall in der Stadt. Und dann klappern wir Geschäfte ab und suchen vergeblich nach einer zuverlässigen Briefwaage für mich im unteren Preissegment. Er erzählt von seiner Jobsuche, ich davon, einem namhaften Beethovenforscher meine Eindrücke von der Großen Fuge zu schreiben. Ich stelle fest: Schon wieder Thema Musik, und auch er vermeidet, auf seines, die Politik, zurückzukommen. Ziemlich wortkarg hasten wir nebeneinander her. Vielleicht standen mir Nachwirkungen unserer Diskussion ins Gesicht geschrieben. Zähflüssig rinnen unsere Worte, sein Blick beim gewohnten Händedruck wirkt ratlos und entfernt. Eine Messerspitze vom Zutrauen, wie wir es zueinander hatten und wie es ohne feste Gestalt noch immer zwischen uns wirkte, trat jetzt, in diesem kurzen Augenblick, wo wir uns nichts richtiges zu sagen hatten, an die Oberfläche.

3

Gutaussehender Student niederen Semesters finanziert Studium, indem er Körper für Erotikfilm überdurchschnittlichen Niveaus scharf nachzeichnenden Kameralinsen und aufgeheizten Teamblicken freigibt. Im weiten Umkreis nicht Slip, nicht Badehose. Vier Stunden ununterbrochen setzt er sich den messenden Augen und der allesprüfenden Kritik der Regisseurin aus.
Mein Bruder gab Besuchern als kleiner Junge nicht die Hand. Meine Eltern ermahnten ihn, kritisch und streng:

Gib Händchen, Bub! Er streckte die Linke vor. Nicht das Bahhändchen, Bub, als anständiger Junge gibt man das gute Händchen, das rechte. Also bitte, sei ein anständiger kleiner Junge und gib die gute Hand.
Die linke ist also das Bahhändchen. Das fräst sich einem Kind ein und kann zur fixen Idee werden. Wenn meine Mutter mich in die Stadt mitnahm, faßte sie mich immer an der linken Hand, und jedesmal wenn ich die Seite wechseln wollte, zerrte sie ungehalten: Bleib, wo du bist, Gisela, bleib schön rechts!
Jetzt wußte ich warum. Seit das mit meinem Bruder geschehen war, wußte ich, du mußt immer rechts von deiner Mama gehen, weil auf der rechten Seite kann sie dein Bahhändchen verbergen.
Ich war vierzehn oder fünfzehn und begann mich für Literatur zu interessieren, da waren meine Eltern einmal im Theater. Das Stück stammte von Ibsen und hieß Klein Eyolf. Sie machten ein Geheimnis daraus. In der Nacht waren sie noch lange auf und berieten sich leise in unserer Wohnküche. Sie dachten, ich merke nichts. Aber ich hatte das Stück in ihrem Regal gefunden. Es ging darin um ein Kind, das mit einem Makel zur Welt kommt, ich glaube, es hat gehumpelt, und dieser Makel, Besorgnis um das Kind und Reaktionen der andern überschatten die ganze Familie.
Wenige Wochen nach ihrer heimlichen Beratung melden sie mich in einem Chor an. Ich bestand das Vorsingen. Leider, muß ich sagen, denn ich fühlte mich nicht wohl bei den andern. Für meine Eltern war es die Gele-

genheit, mich mit meinem Bahhändchen unter Leute zu bringen.
Das Seminar heute wurde irrtümlich anberaumt. Nachdem Jürgen Elvira Laav burschikos von hinten angerempelt hatte, verabredet die Clique für den Abend noch ein Treffen: Petrisberg oder alternativ Innenstadt. Sie gehen in Gruppen auseinander, Jürgen mißmutig über den Herweg für sag und schreibe fünfundzwanzig Minuten Literatur- und Themenangabe, Elvira mit einer witzelnden Bemerkung über den akademischen Lotterbetrieb. Man hätte lieber zu Hause gefeiert, Elvira Laav in der Eifel, Jürgen in einem Dorf in der Nähe von Koblenz in einem hübschen Lokal bei Musik und Tanz, mit Blick auf die Lichter den Rhein entlang bei blonder Bedienung. Oder zusammen. Sind die beiden ein Paar? Oder dabei, ein Paar zu werden?
Eigentlich verstehe ich Elvira Laavs Erfolg nicht. Ihr Gesicht ist ziemlich gewöhnlich, Akne, Sommersprossen, ihr rotes Haar und die Nase grob, zu groß und schief. Sie lacht sehr viel und ziemlich laut, kommt aber trotzdem gut an. Ich bin dagegen ungeachtet meiner partiellen Schönheit eine graue Maus. Mein ebenmäßiges Gesicht gefällt allen, ebenso das glatte blonde Haar, halblang und immer gut frisiert. Darauf legten meine Eltern immer wert: Du mußt gut frisiert sein, Kind. Ich bin gerade gewachsen und weder klein noch groß. Eine hübsche gerade Nase steckt mir im Gesicht. Brille brauche ich gerade mal zum Lesen. Die Ränder meiner Augenlider sind minimal gerötet, wie bei Blonden oft der

Fall. Viele finden das melancholisch und anziehend. Die Männer stehen darauf. Ein bißchen habe ich das, was man abfällig den treuen Hündinnenblick nennt. Das sagen aber nur Frauen. Weil sie neidisch sind! Die Männer fasziniert es. Eigentlich müßte ich dankbar sein, aber kann es nicht, seit ich gegängelt worden bin wegen meiner verkümmerten Hand. Bahhändchen. Verbirg dein Bahhändchen, flach wie eine Flunder, Daumen und äußere Finger kaum beweglich, schwach wie der gesamte Unterarm. Das kann ein junges Leben verderben! Ob mich jemals einer nimmt?

Ich glaube, wenn man eine Behinderung hat, möchte man geliebt werden wie eine exotische Blume. Einer, nur einer auf der ganzen Welt darf diese besondere Pflanze pflücken: der Prinz. Die Pflanze ist ja so kostbar, so besonders. Durchschnittliche Männer dürfen vielleicht einmal daran schnuppern. Nur besondere Männer dürfen mehr. Kronen der Schöpfung. Vielleicht glaub ich auch nicht an das Glück und flüchte darum in die Idealwelt der Märchen.

Da ist der Kommilitone montags in der Sprecherziehung, Norbert. Der sagt mir manchmal Komplimente. Ein patenter und ehrlicher Typ, nur leider: unauffällig. Fast kommt mir vor, daß er um mich wirbt. Eigentlich sollte ich ... aber irgendwie ... der Kick fehlt, der besondere Kick. Ich bin neunzehn und warte noch immer auf meinen ersten Sex.

Nebel überzieht die Serpentinen, Entwässerungsrinnen, Wegränder aus Wiesengrau, Parkbänken, Büschen un-

terhalb Hotel Petrisberg. Den Tag über ist es mild, der Abend aber zeigt durch deutlich anziehende Kälte, daß wir noch Winter haben. Langsam durchatmen. Die abendliche Luft geht an den Atem. Sie ist ziemlich schwer. Abgasreste stiegen über Tage auf und kleben, durch den Tiefdruck bedingt, in der Mittelzone.
Aus dem Meer der dichtgestreuten Lichter ragen in gelber Neonbeleuchtung Altertümer, Sehenswürdigkeiten, Straßenkreuzungen hervor. Niemand begegnet mir im Fußgängerinnenreservat. Bestimmt hält Jürgen sich innerhalb des Alleenrings auf.
Ob ich keine Angst habe in der Dunkelheit? Nicht die Spur. Abend ist eine gute Zeit, Abend ist eine sichere Zeit. Die Menschen werden durch das Fernsehen irregeleitet und in unbegründete Angst versetzt. Außerdem kann man immer noch ein Fläschchen Pfefferspray bei sich tragen. Ich führe es zu meiner Selbstverteidigung jederzeit griffbereit in der rechten Tasche.
Wenn ich vor Menschen reden soll, bin ich wie gelähmt. Eine Besonderheit unserer Region: unser geografischer Raum kennt keine lautliche Unterscheidung zwischen Ceha wie in ich und Esceha wie in scheu. Seit wann künstelst du? Laß die Ziererei und rede, wie dir der Schnabel gewachsen ist, sagen sie in meiner Familie. Bevor ich versehentlich cheu und chüchtern sage, gebe ich mein Bemühen um lautliche Unterscheidung von Ceha und Esceha lieber auf und sage schüschtern.
Es war in Tröbels Rhetorikstunde. Ich war im Bus auf der Busspur neben Jürgens Renault einhergefahren und

schaute durchs verspritzte Fensterglas in sein strahlendes Gesicht. Die Hemmungen vor dem Sprecherzieher bröckeln langsam. Sie besitzen gute Anlagen. Ihre Ceha-Escehaübung war schon fast korrekt. Es ist nichts, als daß beim einen Mal die Zunge mehr vorn, beim anderen Mal mehr hinten sitzt. Anfangs müssen Sie zwar aufpassen, aber ich gebe Ihnen keine drei Monate und ich garantiere Ihnen, das Korrekte geht Ihnen in Fleisch und Blut über. Sie müssen nur wollen, wirklich wollen, Sie müssen unermüdlich üben, üben und an sich arbeiten.

Ohne einem Menschen zu begegnen, verlasse ich den Schotterboden des Fußwegs und betrete Asphalt. Kein Lärm aus Häusern verrät, daß gefeiert wird. Die Leere der Straße verrät es. Die Veranstaltungen finden an gezielten Orten statt und haben Punkt elf nach acht begonnen. Punkt elf nach acht ist Gesetz an den Feiertagen des Fasching. Jürgen wird eine Reihe von Tänzen absolviert, seinen Mißmut, nicht zu Hause feiern zu können, überwunden und sich irgendwo zwischen Petrisberg und Moselufer arrangiert haben. Er sitzt diskutierend, lachend, flirtend im Kreis um Melchisedech, Norbert, Elvira Laav und Jupp Käsebrecht. Die Kellnerin bringt die dritte Runde Bier.

Jetzt kommt er mit Melchisedech, die gekreuzten Arme überm Kopf schüttelnd, vom WC. Des Bartgesichtes mittelresonierter Baß mit der phlegmatischen Aussprache verschafft sich jovial Gehör: Jürgen siekt. Hat bal dobbel so lang gekonnt wie isch. Wat denn? Elvira Laav fragt und nimmt ein altes Kaugummi aus dem Mund. Pissen natürlisch! Alle lachen ausgelassen. Melchisedechs sonst so dunkles Bartgesicht gewinnt einen sympathischen Zug. Bedienung, noch'n Bier, damit's nexte Moal isch besser kann! Die gehetzte und überlastete Kellnerin findet, daß man sich über sie lustigmache.

Inzwischen haben wir, in der Absicht, unsere Soziologiekenntnisse aufzubessern, im Rahmen des Begleitfachstudiums zur Politikwissenschaft, zu dem ich ohne sonderliche Neigung auf Anraten Roberts mich entschloß, eine einführende Vorlesung besucht. Das Thema wirkt interessant.

Liebe strebt einen herrschaftsfreien Diskurs der Interaktionspartner an. Liebes- und Anbahnungsverhältnisse sind vom Ideal herrschaftsfreien Einanderaustauschens getragen. Die Gefahr der Fehlinterpretation von Vorgaben durch die Partner ist groß, sie führt zu erheblichen Versagensängsten, zu Schüchternheit und häufig genug zum Scheitern.

Jürgen dreht sich um, nein, nicht zu Elvira Laav dreht er sich, zu mir dreht Jürgen den Kopf. Zwei ernste warme Augen treffen mich und ruhen auf mir.

Die kleine Filmfrau findet gegen dreiundzwanzig Uhr vierzig des Rosenmontags vor einem Lokal zwischen Alleenkreuzung und Flußufer auf mittelbeparktem Platz den Renault 16 ihres Geliebten. Sie beugt den Nacken vor ins leise Fluten der Ferngeräusche, das abgedämpfte Gemurmel der Gäste, das entfernte blecherne Geplärre einer Kapelle. Hinter der Heckfensterscheibe des

Renault 16 entdeckt sie einen Din-A-5-Freiumschlag. Im matten Licht der Straßenlampe erkennt sie die Koblenzer Adresse. Sie prägt sich die Adresse ein.
Um einem Menschen, der einen Dialekt spricht, den Schneid zu nehmen, reicht es aus, daß niemand in seiner Umgebung ihn spricht. Indem ich den Dialekt tadle, als wäre er eine Unart, oder indem ich über ihn hinweggleite, als existiere er nicht, oder indem ich zum Beispiel Fragen, die mir im Dialekt gestellt werden, überhöre, übe ich Zensur aus und setze mich über das Interesse dieses Menschen hinweg, in seiner Eigenart erkannt, toleriert und respektiert zu werden.
Vereinzelte Betrunkene, bei einem Krach Hinausgeworfene, Angesäuselte, die ihren Streifzug durch die Kneipen übermütig fortsetzen, kreuzen auf. Ein einziger Mensch bricht die Regeln: ich. Ich war auf keiner Tanzveranstaltung, keinem Faschingsball, keiner Party. Es ist Zeit zu feiern. Unbeschwert Taumel, Miteinander mit den vielen bis in den Morgen hinein, bis zur Bewußtlosigkeit ohne Erwachen. Neunzehn Jahre schreien: Feiern, feiern!
Fetzen trivialer Karnevalsschlager, Lärm aus Lokalen, ungehemmte Gespräche aus offenen Privatwohnungen flattern her und erschrecken die verhutzelte Filmfrau. Wie die Tonrille einer Venylplatte auf dem Plattenteller von Roberts neuer Stereoanlage spiegelt der Fluß zwischen den alten Brücken die nebligen Lichter der Stadt. Mich fröstelt, die Beine asphaltstrapaziert. Ich ziehe den Nacken ein und stecke belederte Hände tief in die Ano-

raktaschen. Ob Jürgen Melchisedech gerade wieder besiegt bei ihrem kindischen Spiel?

4

Züge eines Spiels nimmt es an, wenn sie nachts durch die Straßen zieht auf der Suche nach einem Nähezeugnis ihres Geliebten. Eine Detektivin, die mit hellem Stolz einen Fund verbucht, ein Kind, das von einem Kameraden das Versteck ausfindig macht. Sie lächelt darüber und vergißt, wie ihre Tage verfallen.
Jürgen lebt, Jürgen wohnt, Jürgen hält sich auf, Jürgen bewegt sich, Jürgen findet für seinen Renault 16 einen Parkplatz. Inzwischen hat die Regisseurin ein paarmal mit dem Geliebten gesprochen. Wettrennen zwischen Bus und Automobil vor Tröbels Rhetorikstunde schaffen Amüsement und Anlaß zu Bemerkungen mit erhobenem Zeigefinger: Fahr nicht so schnell, du könntest dich mit deinem Bus überschlagen! Dann hörte sie mit, wie er vom Wechsel in ein Fach mit Zulassungsbeschränkung sprach. Er fragte sie direkt, ob sie wisse, wie man sich trotz Numerusclausus in diese Wissenschaft einschleusen könne. Wie, fragte sie erschrocken, du willst wechseln?
Wenn der ehemals Derwischdarsteller, ihr bislang ohne Zugang gebliebener Geliebter, den gemeinsamen Fachbereich der Sprachwissenschaft verließe, drohte ihr Verlust. Jürgen aus den Augen verlieren, schon im nächsten Semester, und das laufende, dieses einzige erste, dauert gerade ein paar Wochen noch! Muß sie jetzt nicht re-

den? Oder soll sie, um zu verhindern, daß er verschwindet, jetzt ebenfalls wechseln?

Die krüppelhändige Regisseurin und der ehemals Derwisch-Nacktrollendarsteller entschließen sich ebenso übereinstimmend wie unabhängig voneinander zum Studium der Seelenkunde. Der Schöne erbringt den wissenschaftlichen Nachweis, daß Vorurteile gegen handbehinderte Regisseurinnen Gegenstand einzig der Vorlesung mittwochs zehn bis zwölf, Einführung in die Soziologie, seien, und habilitiert sich daraufhin zum Professor.

Ich glaube, Robert sagte von Hella etwas. Wo eigentlich steckt sie? Er sagt's von der Küche aus, wo das Teewasser sprudelt und der Toast demnächst fertiggebacken aus dem Apparat springen wird, am andern Ende der klogroßen Diele. Sie wird schon wiederkommen, du hast recht. Aber ich finde es sträflich, daß dein Verständnis für Politik nicht gewachsen ist, ungeachtet du das Fach jetzt studierst. Jedes, absolut jedes Verhalten wie auch jedes Nichtverhalten ist politisch.

Auch wenn Hella dich verläßt, ist es politisches Verhalten?

Auch wenn Hella mich verläßt. Wenn sie geht und wenn sie wiederkommt. Alles politisch.

Ich muß lächeln. Da lächelt er auch. Ein richtiges Schmunzelgrinsen. Selten bei diesem Che-Guevara-Typen.

Tee und Toast fertig!

Warte nur, der Student und ich studieren Rhetorik bei

Tröbel und lernen, wie man verhindert, daß irgendein Che-Guevara-Typ ungestraft mit seiner angemaßten Fortschrittlichkeit uns den Schneid abkauft! Wir werden den Mund aufreißen und protestieren, warte nur!
Robert unterbricht, schaut beunruhigt, mir gegenüber, setzt die stattliche Steinguttasse vom Mund, faßt sie wieder, läßt die andere Hand sinken vom Tisch der billigen Eßküche in diesem ruhigen Trierer Wohnviertel an einem durchschnittlichen Nachmittag kurz vor Semesterende. Wo steckt sie? Wo wartet sie? Auf wen wartet sie?
Immer wieder, auch jetzt, während wir teetrinken, den Imbiß zu uns nehmen, während Robert mir auseinanderseziert, was die Dreißigjährige bewogen haben mag, die Wohnung ohne Zielangabe zu verlassen, auch jetzt, immer wieder, tritt mir Jürgens Zurückhaltung bei den Seminaren vor Augen. Je mehr Seminare, desto mehr Zurückhaltung bei ihm, unterbrochen von Privatunterhaltung mit Melchisedech, Norbert, Elvira Laav. Er stört, er merkt es, er sieht lachend auf. Wir begegnen einander optisch, es irritiert.
Der Sessel wackelt. Möchtest du meinen Stuhl? Ich weise Roberts Angebot zurück. Heute liegt für ihn wichtigeres an als mein Sitzkomfort, Parteizusammenkünfte und Schulpolitik: die verschollene Hella.
Vielleicht wärt ihr einiger miteinander, wenn ihr einen Nestling in euer Nest setztet. Nicht heute oder morgen. So auf längere Sicht, einen, auch zweie, ich meine. Gemeinsam wohlgemerkt. Hella ist schon dreißig.

Robert stockt mit Kauen, kneift flüchtig die Lippen zusammen, kratzt, als wolle er den Plastikbord abreißen, mit dem Zeigefinger die billige Tischkante.
Ich weiß doch auch keinen Rat! Ich meine, daß es Dinge geben sollte, die du mit Hella und niemandem sonst besprichst.
Der Darsteller ist seinem langjährigen Freund Melchisedech gegenüber in den letzten Tagen verschlossen. Er sieht ihr freundschaftliches Verhältnis bedroht. Da entschließt er sich zu schreiben. Ja, er frage sich mittlerweile, ob er nicht etwas über Gebühr diese Rollen wünsche. Sein Wohl und Wehe hänge vom Sichnacktzeigen vor laufender Kamera ab. Ihm dies anzuvertrauen, betrachte er jetzt als den einzigen noch gangbaren Weg, ihre eingeschlafene Freundschaft zu erneuern. Melchisedech ist verwundert über diesen dramatischen Ausfall und schreibt zurück, daß es nichts ausmache. Ihr wiedergewonnenes Vertrauen sei wesentlich und nur darauf komme es an.
Robert, du hattest so recht, du sollst dich nicht entschuldigen. Für was? Ich fühle mich abseits, wahrhaft abseits. Ich weiß viel zu wenig. Es ist wahr, ich legte die Programme der Parteien wieder weg. Ich warf heute keinen Blick in die Zeitung und hörte keine Nachrichten. Du hast ja so recht, so recht.
Ich verstumme, verkrampft lächelnd, eine verzerrte Visage, wie immer, wenn ich in Gedanken Jürgen sehe, weggehen sehe, die Treppen hinuntergehen, hinter einem Geländer verschwinden, Elvira Laav betätscheln,

mit ihr die Cafeteria aufsuchen sehe.
Je mehr der Darsteller sich zurückzieht, sich verkriecht, desto reger beteiligt sich die Regisseurin an den laufenden Sitzungen. Daraufhin zweifelt jener, ob er genügend Begabung für die Germanistik mitbringe. Er überlegt, das Studieren aufzugeben. Die behinderte Regisseurin gerät in große Bedrängnis. Weiteres Warten kommt nicht infrage. Sie muß jetzt handeln.

5

Über Nacht gab's einen Kälteeinbruch. Das einzige Mal in diesem Winter, daß man aufwachte und die Dächer mit Reif bedeckt sah. Ich hatte leichteren Schlaf als sonst und träumte intensiv. Jürgen, eine Kommilitonin, die er und Melchisedech öfter in Richtung Koblenz mitgenommen haben, und ich sind in einem Städtchen bei der Bundeswehr stationiert. Jürgen, der in einer anderen Kompanie dient, wartet in seinem Renault 16 auf der Straße, die vor der Kaserne einen Abhang hinunterführt. Die Kameradin sitzt hinten, ich bekomme neben Jürgen Platz. Meine Eltern wundern sich über den frühen Zeitpunkt meiner Ankunft zu Hause. Ich bekenne stolz: Jürgen hat mich gebracht.
Jeden Augenblick kann ich entdeckt werden. Jürgen biegt um die Ecke aus einer Nebenstraße. Jürgen fährt von einem Parkplatz los. Eine Kofferraumhaube senkt sich, ich sehe prall in Jürgens Gesicht. Jürgen begegnet mir, zusammen mit Melchisedech aus einem Klub im Markenbildchenweg heraustretend. Das Bartgesicht

spöttelt: Wo hasde deinen Bus gelassen? Dat wär zu Fuß doch zu weit geworre von gestere bis heut, watt! Oder hasde in der Dswischedseit den Führerschein gemach?

Oder ob mich Jürgen gar nicht an die Tür brachte, sondern am Hauptbahnhof absetzte und ich den Spätzug noch erreichte?

Koblenzer Hochhaus mit großen regenwasserbespritzten Doppelfenstern. Ausblick auf den Rhein. Drei Promenierende: Jürgen, ich plus die Kameradin. Windstill. Bewölkt. Kühl. Vorgeschrittene Nachmittagsstunde. Es ist ein Hotel. Oder ein Bürohaus. Leer, die Fenster quadratisch. Sonnabend. Magst du Musik? Er strahlt sachte über sein näherbetrachtet eher feingliedriges Gesicht: Beethoven und Brahms. Ich, im Rücken unbesetzte Bürostühle, spiele, auf einem plötzlich dastehenden Altklavier, die große Sonate von Liszt, ganz so, als könnte ich meine schlaffe Linke gebrauchen für dieses Kolossalding. Jürgen und eine Anzahl Unkonturierter sitzen an der Seite auf einer langen Couch, murmeln. Mitten im Akkord breche ich ab, blicke verwirrt auf und frage: Wann fährst du?

Aber es war ganz anders. Der Student war, woanders herkommend, der Filmfrau nachgefahren, um sie in einer drängenden Angelegenheit zu konsultieren. Sie wisse doch von einem Kommilitonen, diesem Norbert, den kenne sie doch, der sei sehr nett und ein bißchen in sie verliebt, der habe ihr doch etwas anvertraut. Jedenfalls habe Norbert ihm erzählt: Frag Gisela, die sagt dir, wie

man sich dem Gestellungsbefehl entzieht.
Wenn er dich an mich verwies, gut, dann darf ich's weitersagen. Norbert erzählte mir, ein Bekannter von ihm, ein durchtrainierter Zehnkämpfer, habe Fingernagelmehl getrunken. Wie habe er vor der Musterungsbehörde gejubelt: Ausgemustert! Krankhaft überhöhter Blutdruck! Lebensgefahr! Du hast recht, vielleicht ist Norbert in mich verliebt und erzählt mir solche Geschichten, um mich ins Vertrauen zu ziehen. Aber am besten, du beißt in den sauren Apfel und machst dich auf deine Einberufung gefaßt. Mein Bruder hatte mit seinem Widerspruch im vergangenen Sommer auch kein Glück.
Aus mangelnder Kenntnis der Gegebenheiten und Jürgens habe ich mich am Morgen in den Zug geworfen, in der stillschweigenden Annahme, daß er das freie Wochenende in Koblenz verbringt. Auf der andern Rheinseite also, und Pfaffendorf heißt das dort und gehört zur Stadt selbst und ist kein Vorort.
Der zehnjährige Jürgen Offenhuth läuft seinem Gespiel Melchisedech nach. (Dieser, wie ohne Bart mag er ausgesehen haben?) Der zehnjährige Jürgen Offenhuth leiht seinem Gespiel Melchisedech, der nichts zum Schneuzen dabeihat, sein Taschentuch. Ein andermal hilft Melchisedech dem kleinen Jürgen auf die Beine, als er sich auf dem Schulhof die Knie aufschlägt, und stützt ihn zum Tor hinaus. Sie begegnen der flügellahmen Filmfrau, ziehen vorsichtig, langsam, mit Unterbrechung nach Jürgens Wohnung. (Ob Jürgen und Melchisedech

wirklich gemeinsam ihre Volksschuljahre hier verbrachten? Merke ich denn nicht, daß Dialekte auseinanderliegender Viertel bei ihnen durchklingen?) Andere Version: der zehnjährige Jürgen Offenhuth kommt gelaufen und erzählt der neugierigen Filmfrau eine lustige Geschichte.

Leichter als üblich war ich vom Läuten des Weckers aufgewacht. Man träumt selten so angenehm. Die leicht abwinkelnde Straße vor meinem Fenster zeigt ihre gleichgültigen Pflastersteine. Die runden eben erst erloschenen Laternen wanken an den alten, von Haus zu Haus übers Pflaster gespannten Drähten. Darüber der einzige Reif der dieswintrigen Dächer. Auch hier, auf der Pfaffendorfer Rheinseite, überziehen winzige Eisreminiszenzen die Hydranten und Regenrohrbegrenzungen.

Welche Sätze werden mir einfallen? In meiner Schreibtischschublade liegt ein Brief, unfrankiert, das Kuvert verschlossen, Freimarke bereit, da stehen die Sätze drin. Das nenne ich halbherzig, wie Sie trotz eindeutig guter Anlagen Ihrer Sprechwerkzeuge Ceha wie in ich jetzt nicht über die Lippen bringen, junge Frau!

Jürgen ist ein hübscher Bengel, der die Absenderin zu fünfzehn oder zwanzig Gelegenheiten für akademisch gekappte Doppelstunden sah. Er weiß, wie er die behinderte Filmfrau fachlich einstufen muß. Darüber hinaus stellt er keine besonderen Merkmale fest außer dieser blöden Hand und gibt sich über seine Eindrücke keine Rechenschaft. Gegen Semesterende taut zwischen ihnen

etwas auf, Worte springen vom einen zum andern und zurück.
Ei, so reden Sie doch, wie Ihnen der Schnabel gewachsen ist, als Lehrer am Gymnasium, als Mitglied im Studentenparlament, als Abgeordneter im Deutschen Bundestag! Versuchen Sie doch, sich mit dem Dialekt Ihrer Heimat als Dozent in einer Soziologievorlesung zu behaupten! Aber Sie werden nicht! Warum? Weil Ihnen einfach ohne jede hochsprachliche Voraussetzung keine Stellung dieses Niveaus angeboten wird. In meiner Heimat Osterode würden Sie verhungern, dort verstünde man Sie nicht, es sei denn, Sie behülfen sich mit den Händen.
Die Straße zieht sich fast die ganze Strecke zwischen zwei Brücken hin, ein elend langer Schlauch. Wenig Neubauten, außer an den äußersten Schalen und am Westerwaldabhang über dem alten Ortskern. Eine in sich geschlossene Gemeinschaft, eine kleine Stadt, ein großes Dorf innerhalb von Koblenz, kaum einzugliedern. Dazu die fast kathedrale Kirche im neugotischen Stil, zentral aufbastioniert. Jürgen stammt aus einer Umgebung, die eine fremde Geschichte prägte. Ich kenne die Geschichte nicht, finde nur, daß sie eine fremde und verschiedene Geschichte sei.
Du stehst in der Optik, sagt der Kameramann, undeutlich gestikulierend. Der konzentrierte Schönling ändert die Position. Nicht so weit! Die Arabesken sollen drauf, aber du bleibst Hauptsache, erlaubst? Der Kameramann faßt den Prinzen sachlich am Oberarm und schiebt ihn

mit festem Zugriff in bestimmte Lage: So ist recht. Er studiert, zur Kontrolle, die Perspektive aus der Draufsicht.

Drehpause. Der Prinz nimmt einen Fruchtsaft zu sich. Erfrischend volles Getränk aus baumgereiften natursüßen Orangen und Zitronen. Das Team macht Späße. Die Regisseurin witzelt darüber, was sie empfindet, wenn sie einem entblößten Prinzendarsteller das abgeänderte Drehbuch in die Hand drückt. Sie entscheidet, daß der fünfzehnjährige Nebenrollendarsteller ohne die antike Vorform der heutigen Unterhose zu spielen habe, und ordnet an, daß der noch Schüchterne, Gehemmte sich im Hintergrund seines fabrikneuen weißen Lendenwickels entledige. Der Student geht gelassen ans Meer und uriniert in die sanfte Balearenbrandung.

Leider werde ich nie Geige und Dinge wie die Große Fuge spielen können, Herr Professor. Wir diskutieren Beethovens Werk unter seiner Anleitung gerade in unserer Musik-AG. Er stellt es in seinen ursprünglichen Zusammenhang mit dem Quartett in B-Dur. Versuchen Sie es mit dem Gesang, Gisela! Sie haben eine schöne Altstimme. Konzertgesang, da braucht man nicht beide Hände. Werner sitzt gegenüber und zwinkert mir zu, wissend, wie wenig ich Singen mag. Ob er mich inzwischen als normale Frau betrachtet, wenn er sonntäglich gelaunt in die Kirche geht und, man staune, immer noch in diesem Chor singt?

Jürgen schreitet auf mich zu. Er hat wie in eine Tasche

die Rechte in das Haltebändchen seines Tangas gelegt. Angenehmes, nicht tiefes Organ, leicht im Tonfall der Untermosel singende Begütigungen. Sein Gesicht weniger kräftig als aus der Entfernung vermutet, bei stark ausgebildeter Nase und angebräuntem Teint, der ein paar eingeschmolzene Sommersprossen überdeckt. Sein annähernd schwarzes halblanges Haar ist in der Mitte gescheitelt und schattet wie Vorhänge die Stirnränder ab. Sparsam behaarte Beine ziehen den Blick vom Mund, den fast kohlschwarzen Augen, den mitteldichten Brauen ab auf sich Platz suchende dünnübertuchte Genitalien und die Hand, die zur Balance aus ihrer Nähe hervortaucht.

Zwischen einer nur geringen Anzahl von Geschäften (man muß über die Brücke, wenn man alles bekommen will) zwei graue, muffelnde Kneipen. Aber nur die Hausnummern interessieren und dann, sobald ich sehe, daß es noch nicht eilt und Jürgen weiter hinten rheinaufwärts wohnt, die vorher endende ungerade Häuserzeile auf der rechten Seite, ehe die Straße an den Rhein führt.

Und dann steht die Filmfrau nackt da: entkleidet durch den unerwarteten Wegfall der Baumreihe hinter der rechten Häuserzeile, gegenüber dem gesuchten Haus, dicht am Rhein. Sich sehen lassen, verlangt von ihr die Dreistigkeit der Hausfriedensbrecherin. Schon das Vorbeipassieren bedeutet Herzrasen wie beim Kaufhausdiebstahl. Bloß nicht ertappt werden, Gisela! An den Renault auf keinen Fall herantreten! Nur mit einem

Blick überzeuge dich, daß sein Kennzeichen CP fünf drei acht lautet! Leeres, harmloses, dienstfertiges Fahrzeug ...

Was macht er? Abendbrot essen? Sportschau sehen? Länderspiegel? Rasthaus? Melchisedech anrufen? Mit der Freundin telefonieren? Schmusen, Musik im Hintergrund? Mit Elvira Laav geil auf der Kautsch lümmeln? Rummachen? Oder erst auf dem Sprung, die Freundin abzuholen? Vielleicht auch etwas ganz anderes: neue Studienpläne ausknobeln, Bewerbungsschreiben ausfüllen, mit den Eltern diskutieren.

Ich gehe geradeaus, unter der Eisenbahnbrücke durch bis zu einem Abzweig nach links, und erreiche, die Gleise überquerend, einen Wiesenhang. Welche Rückwand gehört zum richtigen Haus? Die Rückwände der hintenhinaus verschachtelten Gebäude verleugnen den Charakter der Fassaden. Leere Vermutungen alles. Und überall Mirabellen-, Zwetschgen- und Walnußbäume unter grauem Februarhimmel, kahl, frierend, auf falber Wiesenhangfläche, die einen Naturdamm bildet zur Bahntrasse. Irre, von hier erkennen zu wollen, was der Student treibt.

Kleine Filmfrau, wärst du doch vornhin gelaufen, an die Tür, um anzuläuten!

Und die kleine Filmfrau läuft tatsächlich zurück und findet vor: eine Dynastie untereinander befestigter Klingelschilder. Ingo, Albert, Engeltraut, Kurt, Liebhild Offenhuth, alle Offenhuth, Offenhuth, Offenhuth. Das sechste Schild: Wegweiser zu einer Familie Melchisedech. (Wer wollte bezweifeln, daß die Freunde Jürgen und Melchisedech gleichen Tonfall hatten? Des letzteren war lediglich stärker dialektal gefärbt.) Hinter welchem Schild verbirgt sich Jürgen?

Ein Dunkelbärtiger schaut aus einem Fenster im zwoten Stock und lacht trocken in seine Kinnzotteln hinein, die untätig verdatterte Regisseurin zischt hastig ab.

Ich schaue nicht öfter zurück, als einem Auge einzuräumen, das den frischen Verputz an einem kürzlich renovierten hübschen Altbau fachkundig begutachtet. Als ob es die Filmfrau beschämte, wenn Jürgen wüßte, daß sie nicht zufällig die einhundertachtzehn Bahn-Fußkilometer hierherkam.

Allmählich muß ich haushalten mit der Zeit. Bald wird es dunkel sein und Jürgen vielleicht nicht mehr unter der Nummer aus dem Telefonbuch erreichbar.

Parallel zu den Gleisen verläuft ein Fußgänger-Fahrradweg. Der vorsichtig hupende, unter voller Nutzung des Geschwindigkeitslimits in geschlossenen Ortschaften navigierende Jürgen Offenhuth schafft es hier bestimmt nicht hinauf.

Menschen begegnen, Familien mit Sprößlingen, Schoßhund und Großpapa. Spaziergänger, leidliche Wetterlage nutzende, Hunde hinterlistig Wiese bekleckernde. Menschen, die Mittwoch, Hörsaal Soziologie, zwischen zehn und zwölf, Vorlesung hören. Auch Regisseurinnen darunter. Da fragt der unbekleidete Student, zum jungen Fremdenführer gewendet, der sich soeben seines fabrikneuen weißen Lendenwickels entledigt: Was eigentlich kann der Prinz dafür, daß das Schicksal seine Hand zwingt, dem fünfzehnjährigen Sohn des Vornehmen das Messer ins Mark zu stoßen? An seiner Stelle hätte ich mich weiter meinen Vergnügungen gewidmet und wäre nicht Derwisch geworden. Ich hätte die Erbschaft meines Vaters angetreten.

Es ist das erste Mal, daß ich jemand Bekannten in Koblenz treffe: Jupp Käsebrecht, Proseminar Politikwissenschaft, Zur Regierungslehre, mittwochs zwölf bis vierzehn Uhr. Auf dem schmalen Fußgängerbord der Brücke rempeln wir uns beinahe über den Haufen, aber er registriert mich nicht, da er mit seiner Begleiterin eng ineinandergeklüngelt einhergeht, ihr die Nase beinahe abknutscht und kein Gefühl dafür hat, wen er gerade übern Haufen schmeißt. Käsebrecht, Käsebrecht! Ich könnte dich fragen, ob Jürgen und Elvira Laav … in Koblenz erledigen sich Fragen rasch.

Behinderte Regisseurin sucht normalerwartendes Publikum zu unterwandern. Jahrhunderte nachdem die Geschichten aus Tausendundeinernacht weggewischt worden sind, kramt sie sie aus und wagt es, auf einem westlichen Mittelmeerstrand die Schönheit eines antiken Körpers in unbekleideter Verhaltenheit festzuhalten.

Um den Zuschauerprotest zu begrenzen, versöhnt sie mit einer mehr als zwanzigminütigen Abrundung der Rahmengeschichte. Ist es so unanständig, wie die Filmfrau liebt?

Verklemmte Regisseurin mit verkrüppelter Linken lebte, wie sich nach Abschluß der Dreharbeiten herausstellte, mit dem Bruder der Schauspielerin Elvira Laav aus der Eifel in wilder Ehe. In ihrem Film hatte sie sich mit den erotischen Gepflogenheiten im alten Orient auseinandergesetzt. Hochzeit auf Menorca, um Verdacht abartiger Sexpraktiken zu zerstreuen.

Aber soweit hätte die Regisseurin nicht folgern brauchen, zumindest nicht auf einer Eisenbahnbrücke.

Dreißig Minuten später ruhe ich auf einer Bank inmitten fahlen Februarwiesengrüns gegenüber Jürgens Zuhause am diesseitigen Stromufer. Ich gewinne Muße, die Fassade zu betrachten. Sie ist einfach. Hochparterre. Bögen an Fenster- und Türstürzen. Satteldach. Achtzehnachtundneunzig oder so. Angesehener Handwerksmeister legt außerhalb Ortskern Grundstein für Werkstatt und Eigenheim. Zuriegelung des dazwischenliegenden Erdreichs innerhalb von fünfzehn Jahren erwartet. Ziersträucher, der Renault, Ufermauer, nicht hoch, Steinschüttung und das nahe, leise, breitfließende Wasser. Welches Fenster verbirgt ihn? Welche Etage? Parterre? Oder eher die Etage mit Balkon?

In der Schule nehmen der zehnjährige Jürgen Offenhuth und sein Mitschüler Melchisedech die Geschichte von

der Filmfrau durch, die von Sinnen kam, da ihre Hand nicht Platz fand in der Hand, ihr Name nicht Klang fand in dem Mund eines Studenten, den sie liebte. Sie liebte ihn dermaßen, daß sie in seiner Heimat und in seiner Sprache kein Wort fand, es zu sagen. Das Wort war daraus weggewischt. Um einen Beweis zu erbringen ihrer Zuneigung, reist sie dem Studenten und dessen Gefährten Melchisedech eine Woche vor der Osterpause auf die Balearen nach und beschließt, sich dort zu erklären, wenn nötig mit Zeichensprache. Telefonisch verabreden sie einen Flecken am Meer. Dort aber wartet sie immer noch. Und wenn sie nicht gestorben sind ...
Welchen Zug werde ich nehmen müssen heute abend? Den Westerländer? Den kurz vor zehn oder den letzten, Paris Est, gegen dreiundzwanzig Uhr? Wird es eine schlimme Fahrt sein? Oder wird es nur ein kurzer Abstecher in die Heimat werden? Stippvisite: packe Koffer und's Nötigste zusammen, nehme morgen ein Hotel, bewerbe mich übermorgen, hier oder gegenüber, um Arbeit und um Wohnung. Irgendein Job, irgendein Zimmer, in Koblenz gäbe das kein Problem mit der defekten Hand.
Der Student verzehrt eine Delikatesse und uriniert in die sanfte Brandung des Rheinstroms, der gegen eine niedrige Steinschüttung anschlägt. Man gibt mir ein Handtuch. Ich gehe nackt unter einen Felsvorsprung und lerne die aus dramaturgischer Laune oder dramaturgischem Zwang abgeänderte Stelle meines Parts. Kein Badetuch, eines dieser kleinen vielmehr, die keinen ausge-

wachsenen Menschen verhüllen. Und dann der Busen. Nichts zu machen. Aber er ist doch eigentlich ganz schön. Er ist straff, zierlich, dabei weiblich relevant. Warum ihn nicht tapfer herzeigen? Außerdem muß nackt betrachtet werden nicht erregend sein. Ich setze mich auf das kleine Tuch, neben eine angerostete Streusalztonne, auf die ich den rechten Unterarm stütze, die bloßen Beine und Füße in die Sonne streckend, den Rumpf im Schatten verbergend. Da überrascht mich der Student und schaut gefügig lüstern in den Trichter, den Schenkel und Oberkörper bilden. Aber es ficht mich nicht an. Nüchtern blicke ich empor und trage ihm auf, zu melden, ich sei zur Stellprobe fertig und beherrsche meinen Dialog. Ich schlage mich in meiner Rolle wacker.

Die kleine Filmfrau überleuchtet es wie Wollust. In wenig, sehr wenig Stunden wird sie dem Darsteller sagen: Ich empfinde dir gegenüber Zuneigung, die meine Wangen auszehrt, Zuneigung, die jedes nur freundschaftliche Gefühl übersteigt, Zärtlichkeit, die alles in den Schatten stellt, was ich bisher empfand. Wie gering meine Chance ist, erkenne ich wohl, dennoch, ich wünschte, ich höre es aus deinem eigenen Mund. Bitte!

Der Student, in dem Augenblick, weist das von sich und sagt: Aber du hast eine Chance. Du bist mir zuvorgekommen. Ich bin in Liebe entflammt wie du, in Liebe zu dir!

Es ist kalt. Wäre es milder, würde es schütten, denn die

Wolken sind reif. Ab und zu rinnen sie, lassen Tropfen hinüberplatschen. Ich ziehe die Kapuze über. Gutes Stück dieser Annorak, beim Parteienwerbungverteilen im Anschluß an einen Kinobesuch wie an einem Samstag im zuendegehenden Semester. In der rechten Außentasche das Pfefferspray.

Eine Stelle aus einem Requiem spukt mir durch den Sinn. Ich die Einzelstimme, obwohl ich so ungern singe. Dazu ein unaufhörliches ruhiges Umspielen von Bratschen und Orchesterbässen. Es ist der breite, in der Dämmerung und Dunkelheit fast regungslos sich wälzende Rheinstrom. Er trennt den starren Standort des Soloaltes und denjenigen eines entfernten Hauses auf der anderen Seite, und ich komme nicht hin, bleibe weit, gleichweit von dem Haus entfernt. Dann stößt mich irgendetwas, irgendjemand zurück: Jürgen, Jürgens Antwort, Jürgens Bestätigung, meine Chancenlosigkeit, endgültig, ihm gegenüber. Einheitlich Trauer über dem Ganzen und im weiteren Verlauf ein versöhnliches, ein lindes, ein schummerig zartes Dur-Lächeln – Anflug von Morgenlicht hinter schmerzüberströmter Wange und Stirn. Nicht die Beweinten, unser Leben geht weiter, ohne die Beweinten.

Ich werde mich gleich aufmachen von der Bank, auf dem vermutlich kürzesten Weg zum Hauptbahnhof hasten, auf die Uhr schauen, wie lange ich benötige. Ich werde die Strecke vom Bahnhof ein letztes Mal zurückkommen, Jürgens Renault wegfahren sehen aus dem

Einfluß der vereinzeltstehenden Straßenlaterne von achtzehnachtundneunzig und auf ihn warten. Sie wird soeben angeschaltet wie alle Lampen drüben und die Wohnzimmerlampen im Haus, darin Jürgen lebt. Es ist Zeit, die letzten organisatorischen Vorbereitungen zu treffen für unser kurzwährendes Gespräch.

Ich werde mich rückhaltlos verständlich machen, keine Antwort schuldig bleiben. Ausliefere ich mich, gebe mich, auf eine gewisse Weise, ihm hin. Eine Einverständniserklärung unterschreibe ich. Ich soll narkotisiert werden, nackt ausgezogen, für meine Rolle auf dem OP-Tisch. Reparieren sie meine Hand? Oder nur mein Gehirn? Ohne einmaliges Nacktausziehen geht es nicht. Die Operation wird eine Menge Blut kosten. Ich erkläre mich einverstanden, daß der Eingriff erweitert werden darf, umständehalber. Es kann passieren, daß ich nicht mehr aufwache. Gefahr besteht, daß ein Pfahl, der sich mir eingerammt und den ich mit mir herumgeschleppt habe, während des Eingriffs meine Lungen zerstört. Gleichviel, gleichviel.

Der Weg vom Hauptbahnhof zu Fuß hierher dauerte zwanzig Minuten. Der Kreis, den die vereinzeltstehende schwachleuchtende Straßenlampe drüben auf der andern Seite aufwirft, bereits leer, das Fahrzeug französischen Typs heller Lackfarbe Kennzeichens Koblenz CP fünf drei acht bereits unterwegs. Höchste Zeit, aufzusuchen den Pavillon, den mir der Fahrer fernmündlich nannte. Ich werde eine Reise antreten die Nacht, irgendwo im Süden soll mein Heim stehen. Erst Eisenbahn – Frankfurt am Main, Mailand, Rom, Neapel. Nächtliches Abteil. An meiner Seite etwas, das ich verloren habe. Es lehnt, während der ganzen Fahrt, den Kopf an mein Oberarmgelenk. Danach mit dem Schiff, Yacht vielleicht, irgendwohin an einen südlichen Mittelmeerstrand, wo es anlegt und die Passagiere absetzt.

Zu mäßiger Nachtzeit treffe ich wieder in Trier ein. Die Stadt leer, für mich leer, weil von Jürgen leer. Für mich wird Jürgen nie mehr in der Weise in ihr sein, Jürgen, dieser Junge, so alt wie ich, gutgewachsen, mit zwei intakten Händen, einen halben Kopf größer, keine besonderen Kennzeichen. Ein Eindruck Jürgen. Ein Blick, nein, nicht einmal das – der Hauch einer Erscheinung, einer Gebärde, aufgeschnappt am Rand des Blickfelds durch halboffene Toilettenwaschraumtür an einem mittleren Oktobertag. Eine Gebärde von Mensch, die instinktiv verfängt. Erwartung, durch die Gebärde erweckt. Offenes Gesicht, dem ich irgendwann zutraue, daß es mir für eine Minute Gehör schenkt. Mund, dem gegenüber ich, aufgrund ein paar heller Worte, die über ihn zu mir herüberfinden, die Schüchternheit meine verfluchte Linke betreffend ablege für einen Augenblick.

Untersuchungen führten zu dem Schluß, daß man Dialektsprechenden nur dann gleiche Chancen einräumen und sie zur Aneignung der unerläßlichen Hochsprache bewegen kann, wenn man ihre Mundart in der Schule weiterpflegt als neben- und gleichgeordnete Spielart der Verständigung. Man will Großversuche starten, einige Fächer in Mundart zu unterrichten.

In irgendeinem Dorf bei Musik und Tanz und Blick auf die Lichter den Rhein entlang, in irgendeinem hübschen Lokal mit blonder Bedienung, das nur Einheimische kennen, oder anderswo an einem Platz in Koblenz, an der Mosel, bis Cochem vielleicht, im ganzen Umkreis von Orten, die Jürgen und Melchisedech zum Feiern einladen, überall dort können sie schwätzen, wie ihnen der Schnabel gewachsen ist. Hinter Station Bullay-Bad Bertrich indessen nehmen die Lichter den Fluß entlang ab. Kein Leben mehr. Die Bahn überquert die Mosel, fährt in die Eifel ein. Nacht. Nur aus der Ferne ein paar Lampen – Ausläufer, entfernte Verwandte der Lampenreihen auf der Pfaffendorfer Rheinseite. Eine junge Frau stellt ihren Fuß in den einlullenden Einfluß des Heizkörpers, der auf vollen Touren läuft, und lullt ihren brandfrischen Schmerz darin ein. Sie ist aus der Narkose erwacht, frühzeitig. Schmerz des Eingriffs bereits zu hämmern anfangend. Begünstigt durch die Einsamkeit der Nachtlandschaft. Durch die Leere des späten Abteils. Durch das leise Tuckern der Gleise, das einzige Geräusch. Und der Schmerz verschüttet die kleine Filmfrau, ein hingetupftes Konglomerat aus Luft und Temperatur, Heizungstemperatur, Temperatur des mulmig überheizten Waggoninneren. Dazu unabsehbar Nachschub, Wolkennachschub, Platzregennachschub.
Ich wähle Nebenstraßen für den Fall, daß mich jemand anspricht. In einer dieser Straßen die Tanzschule, die Werner besuchte und die zu besuchen er mich überreden wollte. Ich habe nie einen Tanzkurs besucht. Ich bin nie

auf einer Tanzveranstaltung gewesen und keiner Party. Zeitlang zu einer Gruppe von Klassenkameraden ging ich. Werner war regelmäßig dabei, ließ sich Colawhisky, Cognac und Bier wohlschmecken. Er war diesen Abend angeheitert. Die Rede kam auf Jugendfreundschaften, so wie sie beispielsweise bestehe zwischen ihm und dem Kameraden, bei dem wir uns damals trafen. Ich weiß nicht, ob ich es bei den andern sagen soll, meint er plötzlich, an mich gewendet; du wolltest, daß ich dir Vertrauen entgegenbringe, soviel Vertrauen, wie ich aber nicht leisten kann. Ich suche einfach nicht soviel Vertrauen, wüßte gar nichts anzufangen mit soviel Vertrauen. Darum kann sich keine echte Freundschaft entwickeln zwischen uns.

Der Darsteller mochte nach anderen, exakteren Formulierungen suchen, sah die Filmfrau aber nur einfach an. Sie meinte, in seinen Augen Feuchtigkeit zu bemerken, und er entzog sich ihrem Anblick nicht. Er vertraute ihr seine Bewegung an.

Ich mache noch einen Umweg, die halbe Stadt, Alleenkreuzung, den Platz vor dem Lokal, darin Jürgen und all die andern tanzten, tanzten, tanzten.

Der Darsteller und sein Freund laden die von den Entstellungen ihres Schmerzes, der die Wangen auszehrt, Genesene zu einer privaten Feier ein. Ist eigentlich eine Behinderte tragbar für eine Party wie die eure? fragt sie heiter aufgelegt; oder umgekehrt, da ihr euch, in eurer Übermacht, die Stimmung nicht vermiesen laßt, könnte eine handbehinderte kleine Frau ihrerseits die Gesell-

schaft eurer Party ertragen? Möglicherweise also versucht sie, sich aus der Affäre zu ziehen, und bleibt ohne Angabe von Gründen fern.
Normen moderner Gesellschaften stellen sich in aller Regel als Gesundheitsnormen dar. Das Normale gesund, das Abnorme krankhaft. Was das Normale, das Natürliche sei, bestimmt, da mit dem menschlichen Instinktverlust auch die Natur als normenschaffende Instanz entfällt, die Gesellschaft. Sie gewinnt eine derart starke regelnschaffende Gewalt, daß ihre Gesetze schließlich als naturgesetzt gelten. Ich beobachte Jürgen, der halblinks zwei Reihen vor mir sitzt. Alles was den von der Gesellschaft festgelegten Gesundheitsnormen widerspricht, wird von einer vollen Teilhabe am gesellschaftlichen Leben ausgeschlossen. Zuckte Jürgen da nicht die rechte Schulter und hielt er nicht den Atem an, damit es niemand bemerkt?
Blick starr nach vorn, unleugbar. Zusammengekauerte schlechtverborgene Verängstigung. Du auch behindert? Du leidest, leidest? Also doch besondere Kennzeichen! Armer Student, gibst deinen Körper einem Kamerateam und den scharf nachzeichnenden Blicken aller, die dich sehen wollen, preis und mußt deinen Makel verbergen. Geprellter, gepreßter Mensch! Aber dann fällt mir ein, er werde etwas wenig geschlafen haben.
Trotzdem, was wandte ich mich nach der Vorlesung damals nicht an ihn? Konkretisierung des eben Gehörten, ein kleiner Schritt vom Allgemeinen zum Privaten, einfacher wird der Einstieg nie!

Okay, Robert, aber auch da kann politisches Handeln schon einsetzen, wo es darum geht, Gleichheit oder Ungleichheit zu schaffen unter, werde es wahr, deinen Schülern später. Einmal denjenigen, die Hochsprache beherrschen, zum andern denjenigen, deren Mundart, na ja, den Rahmen sprengt. Es schadet einem jungen Menschen, wenn er den Klang seiner Mundart aus seiner Umgebung verbannt sieht.
Ich schleppe mich am Lokal zwischen Alleenkreuzung und Fluß vorbei, darin die Karnevalskapelle von neulich schweigt. Noch ein paarhundert Schritt und ich brauche meinen Schmerz nicht mehr zurückzuhalten.
Matte Frage: was besprachen Jürgen und Elvira Laav damals im Vorraum von Lesesaal zwo, er hinter ihr sitzend, die Hand leger über ihrer Rückenlehne, sie die Finger vom Karteikasten gelöst? Sagte er ihr, er betrachte sich als höchstens mittelbegabt zur Germanistik, er könne sich zum Arbeiten in Politikwissenschaft nicht überwinden und würde lieber Psychologie studieren? Er müsse sein Studium möglicherweise im Juli oder Oktober, den nächsten Einberufungsterminen der Bundeswehr, unterbrechen. Es täte ihm leid, er habe seinen Kreis und die Umgebung mit den Studenten liebgewonnen. Andererseits gewähre ihm die Einberufung Bedenkzeit. Vielleicht käme er nach seiner Entlassung und Rückkehr in Psychologie ja unter?
Eher von etwas anderem sprachen sie: Wo wohnst du? Wo gehst du abends hin? Hast du was Gemütliches gefunden? Dort wäre es aber behaglicher. Auch das nicht,

das wußten sie längst, sie waren zu häufig beisammen, um das Grundlegendste, das Einfachste, das Anliegendste unter Studenten, das man vor den Familiennamen erfragt, nicht zu kennen.
Was besprachen sie?
Ich überquere die Allee, meine Beine asphaltstrapaziert vom weiten Gehen in Koblenz. Ich stecke belederte Hände, die empfindliche behinderte und die intakte, tiefer in die Anoraktaschen (derselbe wie das ganze Semester schon). Die Lampen, die an alten, von Haus zu Haus übers Pflaster gespannten Drahtseilen brennen, leuchten mir Jürgens Gesicht nicht aus. Er entzieht es der Helle im Schatten eines Baums auf breitem Trottoir. Ich sehe ihm frei, aber nicht prall in die vermuteten Augen.
Es war ganz in Ordnung so.
Geh! Deine Freunde warten. Scherereien bekommst du, hoffe ich, keine durch mich.
Wie denn?
Geh. Ich gehe auch. Mein Zug wartet.
Er geht. Ich zögere. Ich schau in die leere Toreinfahrt gegenüber meinem Fenster, davor die Straße in leichtem Bogen abwinkelt. Ich nehme den Schlüssel aus der Tasche. Ich werde mich auf mein Sofa werfen.

Postskriptum

Das hübsche blonde Mädchen, das so gerne Musikerin geworden wäre und dies wegen ihrer verkümmerten Hand nicht konnte, ist dann doch noch glücklich geworden. Etwa 25 Jahre nach dieser melancholischen Episode schrieb sie ihrem Bruder:

Du weißt doch noch den Sommer, ein Jahr nachdem ich in die Staaten gezogen war und ich endlich wieder dich und unsere lieben Eltern daheim besuchte. Wir gingen in die Trattoria am Viehmarkt. Was ihr nicht bemerktet, denn ihr suchtet schon den reservierten Tisch und wart vorausgeeilt: in der Schwingtür stand ich plötzlich einem Menschen gegenüber, der an meiner Geschichte großen Anteil hatte: Jürgen Offenhuth.
Wie reagieren? Wir blieben fest und stabil voreinander aufgestellt und fingen gemeinsam, wie auf Startschuß, zu lachen an. Wir lachten uns prall in die Augen, von Mensch zu Mensch. Wir lachten übers ganze Gesicht. Kann sein, daß wir uns ein kurzes Hallo zuwarfen. Ich möchte es meinen. Es kann aber auch sein, daß wir schwiegen. Er war gut aufgelegt und ich war es auch, denn meine Verhältnisse in den Staaten waren ja so glücklich. Er war froh, mich so gefestigt und normal hier anzutreffen, und erleichtert, daß ich es jetzt selber komisch fand, so verrückte Dinge damals gemacht zu haben. Wenig fehlte und er hätte meine Linke in seine Hände genommen und sie herzhaft gestreichelt. Aber das tat er dann doch nicht.
Bestelle dem Herrn Kameraden aus alten Zeiten, Dir vom Militär, mir von der Schule, schöne Grüße. Du

sagst ja, er hat sich nicht verbiegen lassen und man darf ihm vertrauen wie ehedem. Und wenn er es wissen will, denn es geht um eine Person, die auch in meiner Geschichte vorkommt, wenn auch nur mit Vornamen und ganz am Rande: Norbert ist der Mann, den ich unmittelbar nach dem Studium geheiratet habe. Er wird demnächst Stellvertreter des deutschen Botschafters.

Immer noch lernen wir fast wöchentlich tolle Leute kennen. Die Amis haben einfach kein Problem mit meiner Behinderung. Norbert ja sowieso nicht, oder wenn, er weiß es seit nun schon dreißig Jahren zu verstecken. Ich hätte nie gedacht, daß ich ein normales Glück finden könnte, mehr noch, ein größeres Glück als die meisten, die ich kenne und die sich gesunder Hände erfreuen. Norbert sagt, der Rest an mir wäre so schön, daß er sich sofort in mich verliebte. Wäre meine Linke nun auch perfekt wie das übrige gewesen, er hätte sich niemals getraut, mich anzusprechen.

Ich fürchte, die amerikanische Neigung übertriebener Komplimente greift inzwischen auf ihn über.

Unsre alten Eltern fühlen sich gerade ganz wohl hier, aber ich denke, sie sind froh, wenn sie demnächst unser altes Viertel wiedersehen, obwohl sie mich unendlich dort vermissen.

Man kann nicht alles haben. Ich habe oft Heimweh nach ihnen und nach Dir. Aber ich weiß nicht, ob Norbert nach seiner Pensionierung in zehn Jahren nach Deutschland zurückkehren oder in den USA bleiben will.

Die Begegnung in der Trattoria teile ich mit, damit unser Schriftsteller seinen Lesern noch rechtzeitig steckt, daß meine Geschichte nicht so traurig ausging, wie sie anfing, sondern glücklich und sogar lustig.

VIII.
Die Absolution

Vorspiel

Märchenbilder Opus einhundertdreizehn von Robert Schumann. Es spielen Richard Helan, 69 Jahre alt, Bratsche und – jetzt trat der Junge ans Mikrofon und setzte mit heller Stimme fort – Fred Lehmann, 13 Jahre, Klavier.

Der alte, auffallend abgemagerte und blasse Mann nickte, tat die zwei Schritte zum Tonbandgerät, das auf dem in die Mitte gerückten Tisch stand, und drückte behutsam Stop. Er nahm den Bogen, griff nach der Bratsche und sagte: Bitte ein A.

Er zupfte die A-Saite. Es kann losgehen. Achtung, Aufnahme ... läuft!

Die Mikrofone waren mit ausgewinkelt hinplazierten Büchern gegen den Straßenlärm geschützt. Eines stand auf einem der brusthohen Wandregale, das andere auf dem Standklavier gegen die Wand. Fred saß mit dem Rücken zum Fenster, das er mit Gardinen hatte zuziehen müssen, Helan berührte mit der Ferse die Klavierbank. Sie begannen.

Der Junge beherrschte die Tastatur für sein Alter gut. Die Vollgriffigkeit des Schumannschen Klavierparts bereitete ihm keine Schwierigkeiten, Noten überschaute er rasch und verstand auch, den anderen Notenschlüssel der Bratsche mitzuverfolgen. Bis auf den Umstand, daß ihm Schwankungen im Takt oft entgingen und er leise

Stellen häufig zu stark spielte, hätte Helan kaum einen pflegeleichteren und zuverlässigeren Begleiter hier im Viertel gefunden, der zugleich mit einer Tafel Schokolade froh und noch nicht im entferntesten daran zu denken schien, die Gefälligkeit mit einer Belohnung zu verknüpfen. Es hätte ein unbeschwerteres Musizieren werden können, als er es mit den Kollegen vom Theater kannte, wenn er in freien Stunden alle paar Monate einmal Quartett mit ihnen spielte.

Fred dachte an das laufende Tonband. Während die Rechte fortfuhr, hob er die Linke mitten aus einem Akkord und wendete, so schnell und lautlos es ging, das Blatt. Jetzt hatte er Akkordpassagen in Sechzehnteln zu spielen, und er wußte, daß er zu wenig geübt hatte, daß er Tasten nicht traf, Töne ausließ, verschlabberte.

Halt! rief Helan dazwischen, der hier nie etwas bemängelt hatte.

Habe ich mich verspielt? zuckte Fred ungläubig mit den Schultern, denn es war überraschend gut gegangen.

Nein, du hast deine Sache fein gemacht. War schon in Ordnung. Nein, nein.

Helan schwieg, als hätte er den Grund der Unterbrechung schon erklärt. Er nahm das Kolofonium und bestrich den Bogen.

Meinst du nicht, Fred, wir sollten, bevor wir weitermachen, alles erst einmal anhören? Man hört auf der Aufnahme oft Dinge, die einem beim Spielen durchgegangen sind.

Der Junge fand das nicht gut, wendete aber nichts ein.

Er wußte immer noch nicht, warum Helan abgebrochen hatte.
Das Tonband lief. Ja, warum hatte Helan abgebrochen? Während er hörte, ging ihm ein Licht auf: das war nicht mehr der Helan von sonst, der da spielte, das war ein anderer Helan, der da unerträglich schlecht und zittrig spielte und dessen angegriffene Stimme jetzt heiser mahnte:
Diese Stelle müßtest du besser markieren, Fred, das Klavier ist da führend.
Nein, das war er nicht. Es ging bergab mit seiner Kunst. Fred fiel es auf, wenn er zurückdachte an die Proben der vergangenen Woche. Ein stetig fortschreitendes Bergab. Helan hatte wieder begonnen, den Bogen mit Kolofonium zu bestreichen.
Muß da soviel drauf?
Es ist, damit die Bratsche nachher nicht so spröd klingt. Helan griff nach seinem Instrument. Bitte ein A. Er drückte Aufnahme.
Beider Augen trafen sich. Fred sah einen ausgemergelten Körper sich rhythmisch beugen und strecken, von dem der Anzug, der Kragen am Hals, die Krawatte abstanden. Der Bogen, vor den Einsätzen zögernd, zitterte. Fred kam der Gedanke, daß er seine Aufgabe besonders sorgfältig erfüllen müsse. Er hörte noch sorgfältiger hin, versuchte noch sicherer als vorhin in die Tasten zu greifen und die bezeichnete Melodie noch deutlicher als vorhin hervorzuheben. Ihn sollte keine Schuld treffen, wenn eine weitere Aufnahme nötig würde. Er wollte das

sichere Fundament sein, egal wie Helan spielte. Und er brachte die ersten Bilder annehmbar zu Ende.

Da drückte Helan Stop.

Nochmal? forschte Fred.

Der Alte schüttelte den Kopf und schwieg.

Darf ich was sagen, Herr Helan? Die Läufe, Sie wissen schon, die Läufe.

Helan bestrich den Bogen mit dem leicht süßlich duftenden Harz. Der Junge sah, wie der Bogen unter der abgezehrten Hand zitterte, während die andere hektisch, fast panisch das bernsteinfarbene Scheibchen gegen die gleichgerichteten Pferdehaare rieb.

Helan lächelte herüber, wie wenn er sich von einem harten Stoß erhole. So schlecht hatte er noch nie gespielt, seit er erwachsen war. So schnell hatte sein Spiel noch nie nachgelassen.

Setzen wir fort ... Aufnahme ... läuft!

Als das Bild fertig war, nickte er freundlich und bedeutete fortzufahren.

Fred hörte das leise Schleifen der Korridortür. Seine Eltern kamen nach Hause. Helan kratzte. Hatte er jetzt zuviel Kolofonium auf dem Bogen? Zuwenig taugt nicht, aber zuviel ist auch nicht gut. Oder warum gelangen ihm seine Kantilenen nicht sauber, glichen Läufe in tiefer Lage und gestoßene Töne mehr einem nervösen Gescharre als einer schwingenden Linie? Fred sann, was wohl die Eltern dächten, die nebenan jetzt alles mithörten, daß er soviel Zeit verwende für die Aufnahmen eines greisen Mannes, für dessen Spiel sich das Üben

nicht mehr lohnte.
Helan schien zu überhören, daß Fred jetzt ziemlich gleichgültig spielte. Er selbst musizierte angespannt und im Wissen, daß er es auch jetzt nicht besser schaffte. Aber er mußte die Aufnahme durchziehen, unbedingt, an seine Grenzen gehen. Und er war so konzentriert, daß er sich zu erinnern vergaß, daß er lange Zeit in der ersten Reihe der Bratscher saß und auch die Violine solid beherrschte, daß diese seine Glanzzeit vorüber war und daß, vor einem Augenblick, Fred aufgegeben hatte, sich auf ihn und sein Spiel einzustellen. Er kannte die Bilder so gut, daß er im voraus die Abschnitte im Innern hörte. An normalen Tagen lief das Spiel wie von selber.
Dann kam eine Stelle, wo die Bratsche schweigt. Als er den Jungen jetzt hörte, fühlte er dessen Lustlosigkeit. Jetzt wußte er: es lohnt nicht mehr, mit mir zu musizieren. Was er unterschwellig befürchtete, war eingetreten. Er hatte sich getäuscht. Das innere Ohr hatte ihm Erinnerung für Gegenwart vorgegaukelt und ein unmündiger Junge ließ ihn hängen! Freds Nachlässigkeit verletzte ihn, aber er sagte nichts. Als er wieder einsetzte, war ihm, als habe sein Spiel noch einmal abgebaut. Der Arm zitterte noch mehr und die erschöpfte Hand behielt nur mit letzter Willensanstrengung die Kontrolle über Bogen und Instrument.
Als der letzte Akkord verhallt war, drückte er mit erzwungener Freundlichkeit die Stoptaste. Danke dir, Fred, sagte er zittrig und heiser, wollen wir nun anhören, was wir verbrochen haben.

Er lobte Fred, seine Gestaltungsgabe, sobald er solistisch hervortrat, seine Unterordnung, wenn die Bratsche Vorrang beanspruchte. Du ordnest dich wirklich schon gut unter. Genau so muß das sein. Wirklich gut für einen Jungen in deinem Alter. Sobald das gesagt war, trat Fred auch schon solistisch wieder hervor.

Fred schwieg, und auch Helan, der sich inzwischen auf einen Stuhl zwischen Tonband und Regalen gesetzt hatte, gab sich still dem Zuhören hin, während er leer auf die Spule sah. Beim vierten Bild äußerte Fred: Das war sehr schlecht. Ich hätte die Passage zurücknehmen müssen.

Helan wiegte beschwichtigend den Kopf, doch sagte Takte später: Hier hätte ich mir, versteh mich recht, ein wenig mehr an Schattierungen vom Klavier gewünscht. Kein Grund aber, das Ganze deshalb zu wiederholen.

Hören Sie, da bin ich reingeplatzt.

Das kann jedem passieren. Nicht tragisch.

Warum wollte Helan, den Blick auf die laufende Spule fixiert, Freds Fehler nicht zugeben? Das war doch eine erstklassige Vorlage.

Fred hakte nach: Das ganze Stück war ich unkonzentriert. Die Aufnahme gefällt mir nicht. Mir wäre lieb, wenn wir sie wiederholen.

Helan sah endlich hoch. Okay, sagte er, nehmen wir's nochmal auf.

Er machte das Band fertig. Fred gab sich Mühe, seinen Part interessanter zu gestalten, doch Helan setzte nicht ein.

Ich kann mich nicht konzentrieren, Fred. Es geht nicht. Fred hob die Hände von der Tastatur. Man erwischt schon mal Tage, wo man sich schlecht konzentrieren kann, nicht wahr, Junge?
Ja, die kenne ich auch.
Sie begannen nun, über vielerlei Dinge des Musiklebens zu sprechen. Besonders wollte Fred wissen, mit wie großen Orchestern die Werke verschiedener Meister aufgeführt würden. Hörte er in Verbindung mit seinen Lieblingskomponisten große Mitwirkendenzahlen, freute ihn das, ebenso wenn er umgekehrt entnahm, daß sich, zumindest in Dresden, wo Helan anfangs spielte, auch weniger Menschen für die Werke der Künstler einsetzten, die er weniger mochte. Ihn freute auch, daß Helan, im Unterschied zu anderen ehemaligen Musikern, denen er solche Fragen stellte, darüber nicht lächelte. Helan erschien überhaupt sehr ernst.
Fred zog die Gardinen zurück und knipste das Licht aus, das beim einstrahlenden Nachmittag überflüssig wurde. Das Verschließen des Tonbandgerätes, Einpacken der Mikrofone, Einrollen der Kabel besorgte Helan, denn er ließ keine fremden Hände an die Technik. Fred stellte die Bücher in die Regale und rückte den Tisch an seinen angestammten Platz. Helan bettete die Bratsche in den Kasten, entspannte den Bogen, legte ihn hinzu und deckte das flauschige Tuch darüber, mit dem er beim Spielen Hals und Kinn geschützt hatte.

Beichte

Noch am selben Abend, zur Zeit, als die Geschäfte schlossen, ging Helan zum Bus. Er wohnte unweit der Innenstadt in einer kleinen hübschen Wohnung. An der Straße lagen zwei-, drei-, höchstens vierstöckige Mietshäuser. Viele waren Häuser aus dem Anfang des Jahrhunderts mit Hinterhäusern ehemals für das Gesinde hoher Beamter. Andere waren renovierte Häuser und solche, die kurz nach dem Krieg auf Trümmern hochgezogen worden waren, und schließlich gab es einige, die erst in jüngerer Zeit noch unbebaute Lücken ausgefüllt hatten. Helan wohnte in einem dieser neuesten. Er versorgte sich allein, und mancher Besucher staunte, wie ordentlich und sauber er die Wohnung hielt.

Der Bus war schon am Rand der Innenstadt, wo Helan abfuhr, überfüllt. Menschen fuhren mit schweren Einkaufstaschen, andere ihre Aktenmappe im Arm, dritte mit verschränkten Armen oder übereinandergelegten Händen mehr oder minder abgespannt bis zu irgendeiner Haltestelle, wo sie, schweigend oder mit einem Gruß an einen Bekannten ihr Schweigen unterbrechend, ausstiegen und anderen aus dem Gedränge ihren Sitzplatz überließen. Warum sprach kaum einer mit dem andern? Eigentlich wäre doch interessant, zu erfragen, was den Sitznachbarn bewegt und treibt. Wollen alle nur ihre Ruhe? Trauen sie sich nicht? Würde er, Helan, sich trauen? Jemand Fremden anzusprechen, könnte doch spannend sein. Aber wenn die fremde Person das nicht möchte? Frauen denken immer, der Mann wolle nur das

eine. Aber ein alter Mann, und dann im Bus, unter so vielen Menschen, und sichtbar angeschlagen? Was schon wäre, wenn er eine Abfuhr erhielte? Das wäre doch gar nicht schlimm. Ja, was machte das schon. Warum bin ich nie auf diese einfache Idee gekommen. Jetzt bin ich 69 und habe nicht mehr viel Zeit.
Helan behielt seinen Stehplatz im Mittelgang bis zum Ausstieg jenseits der Innenstadt. Er ging von dort hundert Schritt die Hauptstraße zurück und läutete an der Tür eines hellen Reihenhauses.
Du, Richard, du?
Ja, Alfred, ich.
Helan, nachdem er die Stufen zum Parterre gegangen war, trat durch die Korridortür, die Alfred ihm offenhielt.
Ich wollte dich sehen, ja, nach sovielen Jahren wollte ich dich sehen. Weißt du, es überkam mich so. Gestern sagte ich mir: du müßtest mal schauen, wie es deinen alten Kollegen, besonders Alfred geht. Den hast du zu lange nicht gesehen. Wie wär's, wenn du ihn morgen gleich besuchst? Nun, Alfred, du siehst, nicht alle Vorsätze sind in den Wind gesprochen.
Eine alte Bekanntschaft, Richard, gute Bekanntschaft sogar, warum eigentlich nicht? Während Alfred redete und ihn schulterklopfend einlud einzutreten, hatte Helan seinen Hut auf die Garderobe gelegt, so selbstverständlich, als wäre er hier zu Hause.
Meine Frau erledigt Einkäufe. Sie muß jeden Augenblick hier sein. Alfred öffnete die Tür zum nicht geräu-

migen Wohnzimmer. Nimm schon mal Platz. Ich hole uns beiden ein Glas Rotwein. Oder magst du deinen Cognac?
Schon lange nicht mehr. Der Arzt hat mir jeden Alkoholgenuß verboten. Er lachte. Außer den in meiner Medizin. Aber laß dich nicht abhalten.
Alfred ging. Helan setzte sich auf die harte, etwas niedrige Polstergarnitur. Auf der schwarzen rechteckigen Tischplatte lag ein aufgeschlagenes Rätselheft mit Bleistift und Radiergummi. Daneben stand ein Aschenbecher mit einigen Zigarettenstummeln, von denen einer noch qualmte. Aus einer Kommode drang Unterhaltungsmusik.
Helan schlug ein Bein über das andere und steckte sich mit fast hastiger Geschäftigkeit einen Zigarillo an. Alfred kam mit einer Flasche Rotwein und Gläsern wieder. Mit der Hand, in der er die Gläser trug, drückte er das Radio aus.
Ich darf doch? sagte Helan und hob die Hand mit dem Zigarillo.
Selbstverständlich. Alfred stellte eines der Gläser vor seinen ehemaligen Kollegen und wollte einschenken. Helan wehrte mit der Hand: Ich darf wirklich nicht.
Wieder die alte Geschichte? Er hob das Glas. Auf dein Wohl denn, Richard ... Was macht die Musik? Spielst du noch?
Wie kannst du fragen. Und ob ich noch spiele. Und du?
Wir haben uns zusammengetan, der Bruno, der Alex und ich. Brunos Tochter, ich weiß nicht, ob du die Bea-

trice kennst, die singt, und wir begleiten sie. Mordsspaß, kann ich dir sagen, du müßtest uns hören, der Bruno die Geige, der Alex am Klavier und ich die Bratsche. Neuerdings spiele ich auch oft Baß, du weißt, ich spielte leidlich den Baß. Für das Modische sind wir natürlich nur eingeschränkt kompatibel, aber für 'nen Strauß oder 'nen zünftigen Tango reicht es. Du weißt, ich war dieser Sparte nie ganz abgeneigt. Du ja eigentlich auch nicht.
Damals war Krieg, widersprach Helan, aber sonst spielte ich Quartett. Schubert, Schumann, da, mein ich, steckt einfach alles drin.
Du hast ja recht. Aber alte Knochen wie wir, was willst du aus denen noch rausholen? Ich backe kleine Brötchen, aber auch kleine Brötchen schmecken. Nicht mehr diese gähnenden Leerplätze, die das Konzertpublikum läßt, wenn du mal was Zeitgenössisches anbietest, kein Kritiker, der von vornherein alles runterputzt, nicht die gespannte Atmosphäre, die Konkurrenz, die Rivalität deiner freundlichen Kollegen.
Kein Nachbar, der nicht übertroffen sein will.
Alfred glitt über diese mit einem Lächeln geäußerte Einwendung hinweg. Weißt du, so richtig schöner Lebensabend. Du spielst im Freundeskreis. Lauter Stammkundschaft. Alles so privat. Das schönste: der Kreis ist doch groß genug, daß du, unter der warmen Beleuchtung dort, manchmal so etwas wie das alte Lampenfieber erlebst. Du wirst es kaum glauben, aber es ist so, manchmal meine ich fast, ich wäre wieder im Konzertsaal kurz vor dem Auftritt. Und wenn sie, nach dem Tango oder

Walzer, Feuer und Flamme sind und applaudieren, dann hast du bestanden, dann bist du ein gefeierter Künstler. So schnell macht uns das keine Band aus jungen Leuten nach. Und außerdem, die paar Groschen nebenbei locken auch, als Anerkennung. Brauchst sie ja nicht mehr. Der Rentenversicherung sei Dank. Du warst schon immer so ein Lebenskünstler, Alfred. Als wir gemeinsam in den Westen gingen, warst du es, der immer sagte: Nicht ungeduldig werden, Richard. Das Glück überholt dich, wenn es dich liebt. Es dreht sich nach dir um, wie eine junge Frau, die den Narren an dir gefressen hat, wirst schon sehen. Und kurz darauf, ich erinnere mich noch genau an alles, hatten wir unser Probespiel und wurden stante pede aufgenommen, Bratschen erstes Pult, du rechts, ich links. Dabei waren wir beide über fünfzig,

Das muß um die siebzehn Jahre her sein.

Genau siebzehn Jahre.

Wir hatten früher Schwein als erwartet. Ich kann dir sagen, so optimistisch, wie ich aussah, war ich gar nicht ... Auf unsere gemeinsame Vergangenheit! ... Aber schade, daß du trocken dasitzt ... Also allein: auf dein Wohl und auf die Jahre gemeinsamer Vergangenheit im Orchester dieser kuschligen Stadt!

Helan nickte nüchtern. Dann sagte er leise und heiser: Bis auf die kleine Unglückssträhne, dieses kleine halbe Jahr. Doch dann war alles wieder okay. Ich konnte wieder zu den Proben kommen. Was sehe ich? Neben dir, auf dem Platz, der mein Platz war, am ersten Pult, ein anderer, ein Fremder! Warum hatte dir Alfred im Krankenhaus nichts gesagt, warum hatten alle geschwiegen? Und jetzt: warum hat keiner ein Wort für dich übrig, eine Erklärung? Warum schweigen sie alle jetzt, warum besonders er, warum Alfred? Warum schleicht er, argwöhnte ich, wie ein falscher Fünfziger herum –

Bitte, Richard, das habe ich überhört!

Warum, höre mir zu, ich dachte damals so, ich dachte: warum gehen alle dir aus dem Weg. Ja, das spukte mir damals im Kopf herum.

Darüber ist doch Gras gewachsen, Richard. Ich nehme nicht an, daß das noch zwischen uns steht.

Höre mich bitte bis zuende. Eines bleibt nachzutragen. Erschrick nicht, Alfred. Klar kann man als kranker Mann nicht Vorspieler sein. Und du hast es auch bedauert und später gesagt: Schade, wenn man zwei Pulte zurückmuß, Richard. Tut uns aufrichtig leid für dich, Richard, aber es ging nicht anders.

Wohl sagte ich das, Richard, und du wirst es vielleicht nicht glauben, ich meinte es auch so. Tafelwasser?

Es bekommt mir nicht. Danke.

Ich ging zu den Kollegen an den andern Tisch zurück, Richard, das ist wohl wahr. Aber ich sah mich dazu gedrängt, denn du nahmst meine entschuldigenden Worte nicht sonderlich günstig auf.

Behalt deine Ausreden für dich, hab ich dich angefaucht.

So oder ähnlich.

Nein, genau so hab ich gesagt. Behalt deine Ausreden

für dich!
Ich hatte vielleicht auch nicht gut formuliert, aber die Vorstellung war vorbei, wir hatten getrunken, ich war nicht ganz nüchtern.
Darum geht es nicht.
Alfred nahm eine Zigarette aus der Packung. Hast du Feuer? Ich muß mein Feuerzeug verlegt haben. Er beugte sich, mit der Zigarette im Mund, über den Tisch. Helan führte das Streichholz.
Alfred, ich glaube, befürchte ... daß ich krank, sehr krank bin. Bitte höre mich an, bitte.
Alfred zog an der Zigarette. Schön, ich drückte mein Bedauern über deine Degradierung etwas spät und in nicht allzu gewählten Worten aus. In nicht ganz nüchternem Zustand. Aber darum ging es nicht, sagst du. Worum soll es denn gegangen sein? Wenn du jetzt noch an diese, entschuldige, ollen Kamellen erinnerst, zu welchem andern Zweck kann es denn sein, als daß du willst, daß ich, nach all den Jahren, vor dir zu Kreuze krieche? Ich soll zugeben: wir haben uns unkollegial verhalten, es tut uns leid. Kaum ein klägliches Bedauern hatten wir für den kranken Kollegen übrig. – Alfred sog tief und schlürfend an der Zigarette. – Sieh mal, Richard, damals, es ist doch eigentlich schon so lange her, daß man es nicht mehr berühren kann, damals wollte ich dich schonen. Diese Krankheit. Nur keine neue Schreckensnachricht mehr, es könnte ihn umbringen. Du warst schlecht dran, keiner dachte, daß du wiederkommen würdest.

Irgendwie, Alfred, kommt alles immer wieder. Ich bin aber nicht hier, um dir Vorhaltungen zu machen. Wir waren Freunde. Denke ich mal. Und wenn der eine etwas hat und damit nicht herauswill, so, könnte man meinen, sollte der andere ihm auf die Sprünge helfen. Einige wenige klärende Worte, was sonst bedarf's? Kurzum, Alfred, ich bin hier, um dich zu fragen, ob du mir verzeihen kannst.
Wie ... ich ... dir verzeihen?
Wer von uns war denn der Sturkopf, der seinen Mitmenschen das Entgegenkommen verweigerte, ihr oder ich? Wer war nicht bereit, über den Schatten seines bißchen Ehre zu springen, ihr oder ich? Das war doch niemand anderes als ich. Als Kranker hat man kein Anrecht auf eine Sonderbehandlung bis zum Lebensende. Krankheit kann nicht herhalten für jedes Fehlverhalten und jedes Mißgeschick. Ich war krank, klar doch war ich krank, aber hatte ich darum das Recht, meine Gereiztheit, mein Mißtrauen und meine Enttäuschung an allen auszulassen? Nein, dieses Recht hatte ich nicht.
Ach, hättest du nochmal Feuer? Helan zündete ein Streichholz. Er saß angespannt und aufrecht, während Alfred sich in den knappen Polstersessel nach Kräften lässig zurücklehnte. Es schien, als rauchten sie jeder für sich in voneinander getrennten Räumen. Wenn einer einen Ring in die Luft blies und langsam zergehen sah, so war dies die einzige Bewegung und das leise Paffen der Lippen und Alfreds Schlürfen von Zeit zu Zeit das einzige Geräusch neben den gedämpften Motorenlauten,

die hier und da von der Straßenseite herüberdrangen.
Dann unterbrach das schrille Läuten der Glocke.
Das wird meine Frau sein mit Dolli. Alfred ging öffnen.
Schau mal, Elli, wer uns besucht hat.
Elli schlug sich in die Hände.
Richard! Nein, wer hätte das gedacht, daß Richard noch einmal den Weg zu uns findet. Darf ich überhaupt noch du sagen?
Welche Frage, Elli! Helan war aufgestanden. Sie schüttelten sich die Hände. Elli entschuldigte sich in die Küche, Helan widmete sich dem bellenden Pudel. Dolli, kennst du mich noch, den alten Helan? Nicht, es ist schon lange her, daß du mich beschnuppert hast, fast zu lange für ein Hundeleben. Dolli besprang ihn ausgelassen und setzte sich wedelnd zu seinen Füßen. So ist brav, hast mich erkannt, warst damals noch klein. Helan streichelte das geschorene Tier. Zum Friseur gingst auch noch nicht. Was der bloß mit dir gemacht hat! Er klopfte die Flanke des Hundes.
Das ist die Nachfolgerin von Dolli, warf Alfred paffend hin, wir haben sie gleich benannt.
Elli trat mit vorgebundener Schürze in die Tür. Wie geht's euch, dir und deiner Frau?
Sie ist doch tot, Elli – Alfred intervenierte –, das weißt du doch. Vorletztes Jahr gestorben. Unser Sohn schrieb uns doch in den Schwarzwald und wir haben auch kondoliert.
Ach ja, sowas machst du immer. Richard, tut mir leid, deine Frau ist mir noch so gegenwärtig, als lebte sie

noch.
Mir auch, Elli, das kannst du mir glauben. Er zupfte an einzelnen ergrauten Haaren in Dollis Fell, die mit dem Schwanz sanft an seine Schuhe schlug. Helans zweite Hand kraulte die wuschlige Haarinsel auf dem Schädel der Hündin.
Alfred lud ihn zum Abendessen ein. Er widersprach: Höchstens eine Tasse Kamillentee.
Ach was, Richard. Einmal wieder mit uns gegessen, was tut's. Wenigstens eine Scheibe Brot, wie früher. Einmal von der Diät abweichen, kann doch nicht schaden.
Leider doch. Mit einer Gastritis ist nicht zu spaßen.
Dann eben nur ein Tee. Warst schon immer ein billiger Gast. Alfred grölte unmotiviert.
Der Tisch war reichlich gedeckt. Alfred ließ sich von Elli dickbelegte Brote machen, die er in großen Bissen aß. Kein Wunder, daß er so rosig aussah und zur Korpulenz neigte. Helan trank seinen Tee und schmierte sich einen Zwieback, den Elli zufällig noch im Schrank hatte, mit Butter. Er vermied peinlich den Kontakt mit der Wurst, die an der Butter haftete. Ihn ekelte, wenn er nur an Wurst dachte. Elli deckte ab. Dolli verließ die Ecke, in der das geleerte Hundetellerchen stand, und trabte zu Herrchen, der sie jedoch gelinde wegstieß. Dolli trottete wieder zu Helan, der ihr wieder und wieder die Kopfwuscheln kraulte.
Helan schien auf etwas zu warten, aber der andere schwieg. Endlich steckte Alfred die Zigarettenschachtel ein und stand auf: Entschuldige mich, ich muß ein we-

nig üben. In einer Stunde ist Auftritt. Wir können uns dort nicht einspielen. Ich muß mich auch noch zurechtmachen. Wenn du warten magst, komm doch mit. Das Lokal liegt eben um die Ecke.

Übe nur. Ich halte dich nicht auf, Alfred.

Du mußt dir die Sache unbedingt anhören, Richard. Du hast deinen hellen Spaß daran.

Gib dir keine Mühe. Ich fühl mich nicht gut. Ich hätte nichts essen dürfen.

Schließlich willigte er doch ein, eine Viertelstunde zu warten und sich von Alfred das Lokal, in dem er auftrat, zeigen zu lassen. Alfred ging nebenan und bald hörte Helan ihn spielen. Schon sein erster Eindruck genügte, ihm zu verraten, was er, von dem Augenblick an, da er zu warten versprach, mit der größten Spannung und Besorgnis zu erfahren trachtete: Alfreds Ton war stark, blühend, rund. Er brachte die Kantilene eines Straußwalzers mit fast unverbrauchter Kraft und jugendlichem Elan zuende. Aus seinem Spiel spürte man den Schwung des Spielers heraus. Oder war es die Schadenfreude seines Triumphes, die Alfred beflügelte, vielleicht nur in diesem Augenblick beflügelte? Hatte Alfred, aber nein, nicht doch Alfred, hatte irgendwer, irgendetwas vielleicht in Helan selber, etwas, das sich gewaltsam in ihm bahnbrach, einen Triumph über ihn davongetragen? Welchen Mächten unterlag er in diesem Augenblick? Wer schlug ihn nieder, so heftig, so schmerzlich, daß seine Augen feucht wurden? Er tätschelte Dolli, die zu ihm aufblickte und leise jaulte.

Helan durfte sich nicht gehenlassen. Elli trat ein. Du gehst schon?
Ich möchte mich verabschieden. Es ist Zeit. Grüß Alfred von mir. Lebt wohl! Er nahm von der Garderobe seinen Hut und drückte Elli die Hand.
Auf Wiedersehen.
Bis denne.
Bis denne. Elli schloß die Tür hinter ihm.
Helan hörte ganz leise Bratschentöne, die durch Entfernung, Wände und den zarten Windhauch des lauen hellen Abends bald ganz verklangen.

Meisterkonzert

Auf dem Tisch lief, an zwei Mikrofone angeschlossen, ein Tonbandgerät. Helan spielte in dem schmalen Zwischenraum zwischen Tisch und Spind. Hinterm Fenster rückte die Sonne gegen Süden. Helan sah in den grellen, etwas dunstigen Himmel und sah doch nicht hinein. Sein Auge schien durch den Dunst hindurchzudringen und ihn doch nicht zu erreichen. Er schien nur zu hören, zu hören auf das eigene Spiel.
Jetzt hielt er inne, legte Bratsche und Bogen aufs Bett und drückte Stop. Es pochte an der Zimmertür.
Herein! Stellen Sie die Sachen bitte auf den Nachttisch.
Der Ober stellte das Tablett mit ein paar Scheiben trockenen Zwiebacks und einem Kännchen Tee ab: Wir wünschen guten Appetit.
Helan spulte das Band zurück und setzte sich lauschend

hin. Er summte mit leiser heiserer Stimme mit und drehte an der Stellschraube des Bogens. Als die Aufnahme endete, warf er ihn hin und trommelte mit den Fäusten gegen den Spind.

Erledigungen

Als Fred aus der Schule kam, sah er vor dem gegenüberliegenden Tabaklädchen ganz in der Nähe, wo er wohnte, einen Mann mit einer Schachtel Zigarillos. Die unnatürliche Gesichtsfarbe des Alten hätte unter einer die Straße erfüllenden Menschenmenge schon unschlüssige Blicke auf sich gezogen. Wie sehr erst mußte der Mann in diesem stillen Viertel auffallen! Aber andererseits, damit ein Mensch tüchtig auffällt, bedarf es vieler Leute, die ihn bemerken. Wenn einer allein einem einzelnen anderen begegnet, erregt das nur bei dem einen Aufmerksamkeit. Es kann sogar sein, daß der in Gedanken verloren ist und ihn gar nicht bemerkt. Neulich, andererseits, die zwei Sektenprediger, die machten etwas daher, weil sie in der Sekte zu mehreren sind. Wären sie noch mehr, bildeten sie wieder eine Mehrheit, niemand schaute sich dann noch nach ihnen um und es wäre vorbei mit ihrem Auserwähltenstatus. Wären sie dagegen zu wenige, gingen sie einfach unter. Heißt das nicht, daß in der Musik ein Kontrast nur dann als ein Kontrast richtig wirkt, wenn er sich von dem Rest nur bis zu einem gewissen Grade unterscheidet? Größen- und bedeutungsmäßig muß er mit dem übrigen konkurrieren und

damit wieder ähnlich oder zumindest heimlich ähnlich sein.
Die Haut des Halses warf Falten und ließ einen auf die Entfernung sichtbaren Zwischenraum zum weit abstehenden, frisch gewaschenen, nur durch den Rauch der Jahre etwas angegilbten Hemdkragen und zur tadellos gebundenen Krawatte. Den flach- und hochstirnigen, sich nach oben verbreiternden Schädel besiedelten spärliche, noch braune Haare, die zurückgekämmt bis zum Nacken reichten und die graue Blässe des Gesichts umso häßlicher hervortreten ließen. Das Jackett hing schwer von den Schultern herab und hätte gut und gern anderthalb Körper dieses Umfangs umfaßt, wobei es in der Länge dem Einsfünfundsechzigmann paßte.
Bevor Helan die wenigen Stufen herunterkam, blieb er stehen, nahm mit seinen knochigen Fingern einen Zigarillo, steckte ihn zitternd an, blies in Ungedanken eine Wolke halb in das Lädchen hinein und schob mit drängenden Schritten in Gegenrichtung. Er sah den Jungen nicht und sah überhaupt niemanden um sich herum.
Aber hatte Helan nicht zur Tulpenschau wollen nach Holland? Und war diese nicht im vollen Gange?
Vor einer Woche war es, nach der letzten gemeinsamen Aufnahme. Sie hatten das eine Märchenbild neu eingespielt. Der Magen will nicht so recht, hatte Helan gesagt, ich habe noch ein Konzert, ein wirkliches Meisterkonzert, das möchte ich einspielen. Bei dem kann der Solist so richtig zeigen, was in ihm steckt. Würden deine Eltern uns nochmal erlauben, eine Aufnahme hier zu

machen, Fred? Ersteinmal fahre ich aber nach Amsterdam auf die Tulpenschau.

Dann, in Helans Wohnung, hatte der ihm die Noten des Meisterkonzerts gegeben: Hier ist das Konzert. Üb schon mal. Und hab ein bißchen Geduld. Ich werde nicht vergessen, dir unsere Aufnahmen zu überspielen.

Fred wollte im Grunde die Aufnahmen nicht. Ihn juckte auch kein Meisterkonzert. Er wollte eigentlich gar nichts mehr wissen von Helans Spiel, senilem Spiel. Die Aussicht, wieder mit ihm zu proben, war ihm ein Graus. Er gestand es der Mutter. Die Mutter sagte: Ich denke, daß Herr Helan sterben wird.

Helan ging zu einem Bestattungsunternehmen gegenüber dem Hospital, bei dem er sich vor kurzem hatte untersuchen lassen. Die sich bildende Wolkendecke ließ hier und da ein blaues Feld freien Himmels sehen. Der Straßenverkehr drängte sich dicht an dicht, Schlangen von Autos warteten, um die Hauptverkehrsstraße, die der ehemaligen Stadtmauer folgte, zu überqueren.

Es war halb eins und er befürchtete, daß das Institut über Mittag schließe. Die Sorge war nur zum Teil begründet, denn gestorben wird auch zur Mittagszeit und die ältere Dame hinter der dunklen Theke im vornehmen gedeckten Kleid grüßte freundlich.

Ich dachte, Sie machen Mittagspause.

Wir haben Notbesetzung über Mittag, aber nicht zu.

Aber Sie schließen die Kasse ab.

Über Mittag erledigen wir ungern das Geschäftliche.

Heute werden Sie eine Ausnahme machen. Oder muten

Sie mir zu, wiederzukommen?
Die Dame stutzte.
Ich meinte, wir regeln meine Beisetzung, solange ich das kann.
Er entschied sich für einen Tannensarg und das schlichteste Totenhemd. Die Seniorinhaberin hätte gern mehr an ihm verdient, sah aber rasch, daß da nichts zu holen war. Von den Prospekten, die, nicht anders als Speisekarten in einem Nobelrestaurant, auf der Theke lagen, zeigte sie ihm nur eines und stellte über Sarg, Hemd, Aufbahrung, Grablegung die Rechnung aus, vorbehaltlich eines im Fall verspäteten Ablebens und angehobener Gebühren anzurechnenden Preiszuschlags. Er unterschrieb und zahlte bar auf den Tisch.
Vielen Dank. Hier die Quittung und alle nötigen Angaben. Also ein Anruf von Ihrer Tochter Rotraud ... und wir kommen. Wir werden pünktlich sein und alles nach Ihren Wünschen erledigen. Auf Wiedersehen.
Ich werde Ihren Service bei Petrus weiterempfehlen.
Helan ging und warf noch ein Mahlzeit durch die Tür, die langsam hinter ihm schloß.

Kontakte

Die Sitzbank war in die üppigen Büsche hineinversetzt, so daß weder das Heliumlicht des Weges, der in geringer Entfernung matt erleuchtet in Treppen hinunterführte, noch die Straßenlampen weiter weg sie aus dem frischeduftenden Dunkel herausheben konnten.

Hier saß am einen Ende Helan und beobachtete das Treiben in einiger Entfernung. Halb unter der Straßenbeleuchtung, halb unter dem Einfluß zweier Flutlichter entwickelte sich ein Damenfußballspiel. Offenbar führte ein fest formierter Verein ein Trainingsspiel durch. Es verlief recht ruhig. Nur ab und zu gab eine kompakte Mittvierzigerin in Trainingsjacke und Sportschuhen laute Anweisungen oder feuerte eine Mittelstürmerin die äußere an: Flanke! oder schrie die Tormännin etwas, das Helan nicht verstand. Rechts von ihm wiederum auf der gegenüberliegenden Wegseite, dem Spielfeld schräg zugewandt, strahlte eine baukastenförmige Halle Ritzen Lichtes auf ihre nächtliche Umgebung. Nicht genug jedoch, um es in die Sträucher und die Bank aufhellend einfließen zu lassen.

Helan saß unbewegt da, die Beine fest übereinandergeschlagen, die Rechte unter der Linken gegen den Leib gepreßt. Sein Gesicht krampfte und er stöhnte. Das engagierte Spiel der Fußballerinnen hatte ihm vorhin noch ein Schmunzeln auf die trockenen Lippen gezaubert, die Schrittlaute aus der Halle, die einen Sprungwurf oder eine Rempelei verrieten, seine hörende Aufmerksamkeit erregt, aber jetzt krümmte ihn der Schmerz. Er versuchte es mit Aufrichten. Jetzt stemmte er den Oberkörper gegen die Rücklehne der Bank, jetzt ließ er den Kopf zurücksinken und stützte die Hände fest auf die Holme der Sitzfläche. Er versuchte durchzuatmen und fand nach langem Stocken endlich Ruhe.

Länger schon, eine halbe Stunde vielleicht, mochte er

dasitzen. Er dachte, daß es Zeit sei, in das Hotel zurückzukehren. Da sah er die Lichtritzen, die aus der Halle drangen, verdeckt von einem Schatten. Ein aus der Halle kommender junger Mann warf ein paar erkennende Blicke auf die Mannschaft der Frauen und schlenderte, wie ein der Entdeckung Entgangener, entschlossen auf die Dunkelheit der Abzweigung und des Gesträuches zu. Helan gelang es, den Atem anzuhalten und geräuschlos abzuwarten, bis der andere ins Dunkel gehuscht kam und, ohne den Blick vom Fußballfeld zu lösen, sich ans andere Ende setzte. Die teils zum kritischen Beurteilen, teils zum offenen Anerkennen ausschlagende, aber immer wohlwollende Silhouette flößte ihm Vertrauen ein.

Verschnaufpause, seufzte der junge Mann, der den Trainingsablauf wohl kannte.

Helan fragte sich, ob das fremde Gemüt empfänglich sei für ein paar Worte, ein Zwiegespräch, einfach nur so, ein Zwiegespräch, wie er es vor Tagen im Bus durchgespielt, dessen Beginn er jedoch nicht gefunden hatte. Er nahm einen Zweig und erzeugte ein leises Rascheln. Der andere merkte auf.

Erschrecken Sie nicht, junger Mann, Sie haben nichts zu befürchten, neben Ihnen sitzt ein Sterbender.

Der Jüngere zuckte. Erlauben Sie! Sprechen Sie alle Leute so an, so aus heiterem Himmel? Ob ich mich vor einem Sterbenden fürchte? Wer sind Sie?

Mein Name ist Helan. Ich spreche Sie an, weil Sie, in diesem Moment, hier sitzen. Gönnen Sie mir eine Minu-

te, ich bitte Sie darum.
Warum geben Sie keine Vorwarnung und machen sich durch eine Bewegung, einen Zuruf bemerkbar?
Es tut mir leid, aufrichtig leid. Ich wußte nicht, wie ich mich verhalten sollte. Außerdem waren Sie sehr in Gedanken. Es kam alles sehr unerwartet, wissen Sie, und außerdem ... wahrscheinlich wären Sie gleich gegangen. Seien Sie froh, hier im Dunkeln merken Sie nicht, wie schlecht ich aussehe. Wie der Tod mich zeichnet. Kein Anblick für die Lebenden. Ich erwarte es nicht, aber vielleicht gewähren Sie mir einen Augenblick ... bitte.
Als er nichts hörte, begann er, sein Anliegen vorzutragen. Es trat klar zutage, daß er den Stand der Dinge kannte. Er wußte, daß, beim jetzigen Stand der Krankheit, und beim Stand der Medizin, der er vertraute, kein Weg ins Leben zurückführte.
Sobald ich von hier weggehe, bin ich ein Pflegefall. Vielleicht schaffe ich den Weg in die Unterkunft zurück. Mag sein auch, daß mich irgendein Arbeiter auf seinem Weg zur Frühschicht morgen in der Nähe dieses Gebüsches findet. Ich komme in ein Krankenhaus, das ich zu Lebzeiten nicht mehr verlasse. Aber auch sonst bin ich ein Pflegefall. Sobald ich aufstehe. Ganz gleich, ob es in wenigen Wochen oder morgen zu Ende ist. Es kommt so gewiß in der nächsten Zeit, daß es so gut wie morgen kommt. Seit einem Monat bahnt sich das an, dieser Schmerz. Er geht nicht mehr weg.
Helan unterdrückte ein Stöhnen. Nur das leise Rauschen der entfernten Autos und ab und zu ein Abschuß auf

dem Sportfeld unterbrachen das Schweigen. Heute mittag habe ich mein Begräbnis geregelt. Erdbestattung. Und wieder atmete er stockend, nach Luft ringend, die Faust gegen den Leib pressend.

Weshalb ... weshalb sucht in meiner Lage ein Mensch, ein Mensch, wissend, daß es dem Ende zugeht, unter dem Vorwand einer Reise ins Ausland, in der Nähe ein Hotel auf? Es mag auf einer anderen Ebene liegen, aber: weshalb verbirgt ein Mann eine Liebe, die er im Herzen hegt?

Ein Mädchen hat ihm den Laufpaß gegeben. Soll ihm das gleiche jetzt, beim zweiten Anlauf, nachdem das Mädchen sich von seinem Kerl getrennt hat, wieder passieren? Was denken die Leute! Kaum bist du abgeblitzt, klebst du schon wieder an dem Ding! Bist du noch bei Trost! Das wird doch nie was! Aber dann, beim dritten Versuch oder dem vierten, beißt sie an.

Ähnlich ist es mit dem Tod. Ohne deiner Umgebung Mitteilung zu machen von deinem Gefühl, suchst du nach Symptomen für oder gegen deine Befürchtungen. Befürchtungen übrigens, wie sie bei dem kleinsten Anlaß auftreten, sobald du erst in der Fußballmannschaft des Todes spielst. Und beim dritten oder vierten Vorstoß das Ergebnis: nein, keine Gastritis wie im vergangenen Sommer. Es muß, vor sieben Jahren war es genauso und vor drei, es muß dieser Scheiß-Krebs sein.

Aber immer noch kein Frieden. Diese Unruhe: ist dir noch zu helfen? Trotz deines Alters? Und trotzdem die Ärzte jede Hoffnung abstreiten? Soll es aus, ganz und gar aus sein, vom einen Tag auf den andern? Was, wenn die Prognosen wider alles Erwarten irren und alles nur falscher Alarm war?

Du hast noch ein Enkelkind. Sollst du es mit deiner Unruhe, deinen Befürchtungen, deinen Schwankungen belasten? Nein! Also verschwindest du unter einem Vorwand und mietest ein Zimmer dort, wo es niemand erwartet: einen halben Kilometer von deiner Wohnung weg. Vielleicht habe ich auch die Koffer gepackt, um wirklich zu verreisen, und erst auf dem Weg zum Zug gemerkt, du schaffst es nicht, die Strapazen, die Fahrt.

Hätte der Arzt gesagt, wir können noch operieren, du hast eine gewisse Chance … nichts, nichts! Das habe ich meiner Tochter und meiner Enkelin verschwiegen. Sie sollen glauben, ich habe mit einem guten Ergebnis die Untersuchung absolviert und jetzt fröne ich meiner Blumenliebhaberei auf der Tulpenschau in Holland. Langweile ich Sie?

Der junge Mann im Dunkeln hatte seine Scheu noch nicht verloren und sagte verspätet und immer noch ein wenig sauer: Keineswegs.

Das ist nett, daß Sie mir zuhören. Die Diagnose der Klinikärzte suchte ich als Rückversicherung, gefühlt habe ich es längst. Niemand sollte mir einen Vorwurf machen können, wenn ich jetzt alle Bemühungen um mein Leben fahren ließ und Vorkehrungen einzig im Hinblick auf das Sterben traf. Ich habe das Leben aufgegeben und dem Tod mich zugewendet. Wie dieser Liebende, der sich in seine Liebe nicht mehr hineinreden läßt. Diese

Besserwisser überall immer! Sie sind keiner dieser Besserwisser, Sie reden mir bisher wenigstens nicht hinein.
Die zwei im Dunkeln auf der Sitzbank unter den Büschen atmeten die laue Frische des Abends, der sich vor den Heliumleuchten und Flutlichtlampen hierher zurückzog. Es hatte am späten Nachmittag geregnet und war angenehm abgekühlt. Tropfen hingen an den Blättern und der Boden war feucht. Der junge Mann warf einen Blick auf das Spielfeld, wo Frauen wieder das gegnerische Tor stürmten.
Sie warten auf jemand? fragte Helan.
Ja. Der junge Mann wendete den gespannten Blick nicht vom Platz, von dem ein enttäuschtes Geschrei herüberscholl. Aber fahren Sie fort, es dauert noch.
Das Geheul verstummte und nur das Geräusch des Balls, der trippelnden und tretenden Füße und der Anfeuerungsrufe blieb. Eine willkommene Kulisse.
Eigentlich will ich nichts anderes, als mir einen Begriff davon bilden, was Sterben, dieses leidige Ding, bedeutet.
Sehen Sie, Forscher gehen in entlegene Winkel der Erde, erkunden zum Beispiel Blumen oder auch, wie Menschen und Völker in andern Erdteilen überleben. Wurde jemals gefilmt, wie ein Mensch, jeder, das Mitglied eines Naturvolks nicht anders als wir, stirbt? Überhaupt: hat sich die Forschung je, ja, kann sie sich überhaupt damit befassen, wie Sie oder ich sterben? Was geht in uns vor? Wie treffen wir diese Unterscheidung, wann fängt Sterben überhaupt an, wann hört Leben auf?

Wo überschneidet es sich? Philosophen sagen, Leben und Sterben sind identisch. Aber das entspricht nicht unserer Wahrnehmung.
Ich will meine Lebenskurve zeichnen. Meine Krankheit hat viel mit dem Abklingen eines ganz alten Lebens gemeinsam. Alles geschieht nur viel schneller. Dennoch wird es kein abruptes Erlöschen werden. Und noch habe ich alles im Blick. Der Zerfall meiner geistigen Kräfte hinkt der Zersetzung meiner körperlichen Kräfte hinterher.
Ich habe mich immer auf die Amsterdamer Tulpenschau gefreut. Vorletztes Jahr bin ich noch mit meiner Frau dort gewesen und habe fotografiert. Die Fotografie ist überhaupt eine tolle Sache. Ich habe wöchentlich fast und mit Leidenschaft Bilder geschossen, die ganzen letzten Jahre. Bratsche aber übe ich täglich. Sie müssen wissen, ich war Musiker am Theater. Einige Sachen nehme ich noch auf Band auf. Aber ich merke, daß ich es kaum noch kann. Die Krankheit zieht einem das Mark aus den Knochen.
Wahrscheinlich langweile ich Sie mit meiner Aufzählung.
Aber meine Wohnung sollten Sie sehen. Seit dem Tod meiner Frau führe ich den gesamten Haushalt, nicht übel, glaub ich mal, Sie würden staunen.
Die beiden im Schatten schwiegen.
Was glauben Sie, weshalb ich Sie ansprach?
Der andere sah verträumt gegen das unwirkliche Licht des von hurtigen Schatten belebten Sportfeldes.

Wenn Sie nachher aufstehen – Ihre Freundin, Frau, oder Verlobte? – der junge Mann unterbrach nicht – wird wissen, wo Sie warten. Oder Sie gehen ihr entgegen. Sie werden mir beide den Rücken kehren und des Weges ziehen. Mich werden Sie vergessen, sobald Sie ihr von unserm Gespräch berichtet haben. Vielleicht werden Sie unser Gespräch abbrechen, es wird nichts ausmachen, denn Sie stehen mir gegenüber in keiner Schuld. Im Grund genommen bleibe ich als *Ihr* Schuldner zurück. Doch ich werde mich nicht revanchieren. Mangels Zeit und Gelegenheit. Sie werden keine Gegenleistung bekommen. Vielleicht denken Sie auch gar nicht mal an so etwas. Schließlich hat Sie das paar Minuten Zuhören nicht so viel gekostet. Gewissermaßen tragen Sie selber Schuld, sollten Sie am Ende verstimmt sein; schließlich hätten Sie mir meine Rücksichtslosigkeit vorhalten und rechtzeitig gehen können.
Und nun drängt es mich, in einem fort zu reden. Es wird dieser Abend der letzte Abend sein, an dem ich so weit, bis an diese Stelle, diese Büsche, diese Halle und diesen Platz vordringe.
Er richtete die Aufmerksamkeit jetzt begeistert auf die Verteidigerinnen, die, den Rücken zu seiner Bank, wie eine Mauer zusammenhielten und, die Stürmerinnen der Gegenpartei signalisierten es laut, ein Tor hinnehmen mußten.
Ich werde sagen können, da und da bist du zu dem Schluß gekommen, daß es der letzte Ausgang war, da hast du Pause gemacht, da mußtest du dich hinsetzen, da

haben die Frauen Fußball gespielt und ein Tor eingesteckt. Ich werde genau sagen können, so weit war die Blüte des Frühlings, so die Temperatur, so der Regen und dann und dann wurde es dunkel. Und ich werde sagen können, während deines Ausgangs hast du einen Unbekannten angesprochen, diesen Fremden, den du nicht wiedererkennen wirst, weil seine Züge im Dunkel eurer Sitzbank verborgen bleiben. Und du hast eingesehen, daß nichts dabei ist, einem Unbekannten zu vertrauen in einem späten Augenblick des Lebens. Die Krankheit hat dich in einen Zustand jenseits von Angst und allen diesen kleinlichen Bedenken versetzt.
Aber wenn nichts dabei war, meldete sich der andere zu Wort, weshalb verlieren Sie dann so viele Worte?
Gute Frage ... Ich wundere mich über mich selbst. Es ist nichts dabei. Sie sagen es. Aber es ist so neu, so erfrischend neu. Und vorher war so ungeheuer viel dabei. Bevor ich es machte. Dann war plötzlich nichts mehr dabei. Ob das genauso ist mit dem Tod?
Sicher ist es genauso wie mit dem Tod.
Das sagen Sie jetzt, um mir etwas Angenehmes zu sagen. Immerhin, Sie erschraken ziemlich, als ich Sie ansprach.
Ja, ich erschrak. Aber jetzt – der junge Mann drängte plötzlich, denn unter dem Flutlicht sammelte man sich um die Trainerin –, und jetzt ist gar nichts mehr dabei. Entschuldigen Sie bitte, ich bin gleich zurück. Er lief auf eine der Fußballerinnen zu, die in Gruppen zu zweien und dreien auf die Halle zuschritten. Helan sah aus

der Entfernung, wie er sie umarmen wollte, jedoch mit einer zarten Geste vom verschwitzten Trikot abgehalten wurde. Er teilte ihr etwas mit und kam zurück, während die Spielerinnen in der Turnhalle verschwanden.

Sie duschen jetzt, sagte er und setzte sich wieder. Sie glauben, um auf unser Thema zurückzukommen, also fest daran, zu wissen, daß Sie nur noch ein, zwei Monate leben werden. Nehmen wir an, es trifft zu. Ich würde an Ihrer Stelle versuchen, das zu vergessen, anstatt, wie Sie tun, den eigenen Zustand zu sezieren. Diese, verzeihen Sie das Wort, pedantische Symptomsucherei grenzt an Selbstzerstörung. Haben Sie nicht Kinder, haben Sie nicht Freunde, bei denen Sie vergessen und sich ablenken können? Ich würde reisen, reisen und nochmal reisen. Solange es eben geht. Die Gedanken verschonen mit diesen aufreibenden Bildern.

Sie hörten das leise heulende Rauschen der durch die Wände der Turnhalle gedämpften Duschen.

Das, wofür Sie plädieren, möchte ich nennen: Dispens vom Leben. Ich bezweifle, daß man den Urlaub vom Leben feiern kann.

Sind Sie Jurist, junger Mann? fragte Helan.

Höre ich mich so an?

Nicht schlecht geraten, ja?

Betriebswirt. Immer den Nutzen gegen den Verlust berechnen!

Die ersten Frauen verließen die Halle. Eine blieb wartend stehen und blickte sich suchend um.

Dort kann der Abend beginnen! lächelte Helan; Ihre

Freundin?
Ich gehe gleich hin. Eines zum Abschluß noch: warum lassen Sie sich nicht verbrennen?
Helan war verblüfft.
Das hatte ich erwartet. Sich mit dem Tod beschäftigen, aber denken, es geht mit dem Leben weiter. Es könnte zuviel Hitze herrschen, wie? Ich lebe unbekümmert. Bis zum letzten Atemzug. Und dann lasse ich mich verbrennen. Diese Gräber. Da ist Verbrennung sauberer. Leben Sie wohl!
Leben Sie wohl!
Helan sah dem Fremden nach, der auf die Frau zuging, sie in den Arm nahm, küßte und fröhlich entführte.
Hielt ihn Angst ab vor den Hitzequalen eines Krematoriums und anschließend der Enge der Urne, die die abgekühlte Asche aufnimmt? War es ein Nicht-verzichten-Wollen auf die Behaglichkeit der letzten Ruhestätte, darauf man den Kopf bettet, auf das Verfügen-Können über die eigene separate Wohnung, wenn sie auch noch so klein, so niedrig ist? Nicht daß er verpflichtet war, statt des Sarges die Verbrennung zu wählen. Aber unleugbar gab die Frage des jungen Mannes ihm zu denken. Aber ich werde doch wirklich tot sein. Was macht es da, wenn mein Körper in der Hitze geschmolzen wird. Überhaupt welch eine Frage! Er lachte in sich hinein und wischte den Gedanken amüsiert hinweg.
Er genoß die Frische des Frühlings und die Frische der die Sitzbank umrahmenden Hecken und Sträucher. Es schien ihm – die Lichter in der Halle waren inzwischen

ausgegangen –, als bekäme er die Frische der Nacht selber zu kosten.

Der Druck in der Leibgegend verstärkte sich plötzlich wieder. Stöße peinlichsten Schmerzes überfielen ihn, und er dachte, er käme nicht mehr auf. Weil er allein und niemand ihn abzustützen greifbar war, befiel ihn Panik. Dann aber erhob er sich und ging, wie benommen durch einen Schlag vor den Kopf, in Richtung seines Hotels.

Als er die Straße erreichte, fiel ihm ein, er habe den Weg von der Sitzbank hierher nicht bewußt zurückgelegt. Nicht einmal seine Länge konnte er benennen, noch die Zeit, die er brauchte. Deshalb drehte er sich um und versuchte, die Länge abzuschätzen und die verbrauchte Zeit zu rekonstruieren.

Jetzt bog er in die Hauptverkehrsstraße Auf der Weismark, von der er, nach acht- bis neunhundert Schritt, noch einmal abzweigen mußte, um ins Hotel zu gelangen. An der Ecke würden die Busse halten, wußte er, für den Fall, daß er zu Fuß den Weg nicht schaffte.

Die zweite Hauptverkehrsstraße, die Matthiasstraße, war hell erleuchtet durch eine Vielzahl Heliumlampen und die Scheinwerfer zahlreicher PKW. Aus einem Gasthaus traten Menschen. Ein einzelner torkelte und suchte das nächste Lokal. Eine Gruppe machte sich aus den verrauchten lautstarken Räumen der Gaststätte auf nach der behaglicheren Wohnung eines ihrer Mitglieder. Dann gingen zwei ineinanderverschlungene Paare, ohne die Umgebung zu beachten, an Helan vorüber. Unter all

diesen Menschen befinden sich jetzt auch der Betriebswirt von vorhin und sein Mädchen, dachte Helan; vielleicht bin ich verstanden worden, ja, gewiß, gewiß.
Er wuchs über sich hinaus. Es war eine verhaltene stille Freude. Für Augenblicke war ihm, die Lampen brennten für ihn allein und die Scheinwerfer der Autos leuchteten nicht sich selber, sondern um den Boden, den er, Helan, betrat, zu erhellen. Deutlich fühlte er es, dies wie Lampenfieber, ob er bestanden habe vor diesem jungen Menschen auf der Parkbank. Nicht ein Konzert, eine Oper war das, was ihn da mitriß. Ein Auftritt in einem Schauspiel ganz eigener Art zog ihn in seinen Sog.
Helan schaute hinauf, ob sich das All zeige. Es war überwuchert von dem stärkeren Reflektieren der Straßenbeleuchtung und dem Smog. Aber da glimmerte eine matte Gruppe kleiner Sterne.
Helan erreichte das Hotel. Die Umgebung wirkte ernüchternd. Er begab sich auf sein Zimmer und legte sich fast wohlig erschöpft zu Bett.

Zu spät

Er wurde gegen zwei Uhr am Morgen geweckt durch den bohrenden Schmerz in seinem Leib. Mit zitternder Hand suchte er neben sich eine Packung, die auf dem Nachttisch liegen mußte. Er hörte, daß er sie hinunterstieß, und tastete nach einer anderen. Er stupste fast das Lämpchen runter. Das Wasserglas rettete er im letzten Moment. Er machte Licht. Am Boden, unter dem Bett,

eben noch erreichbar, lagen die Medikamente. Endlich kam er mit den Fingerspitzen dran.
Er nahm mehrere Kapseln und schluckte sie mit dem Wasser. Er müsse einen entsetzlichen Mundgeruch haben, dachte er. Seine Frau, die vor ihm an Krebs gestorben war, hatte den auch. Nach einem scharfen Stich verlor er die Kontrolle über seine Muskeln, so konnte er den andrängenden Spritzer Urins nicht verhindern. Das jetzt auch noch! Er sah auf den Wecker, der auf dem Nachttisch stand. Nicht einmal eine Viertelstunde war vergangen.
Helan dachte daran, daß er Bücher mitgenommen hatte. Bücher von verschiedenen Tulpenschauen in Amsterdam. Er könnte die Zeit damit überbrücken. Wie nur sollte sein Wrack von Körper zur Tasche gelangen, wie die zitternden Arme ein Großformat halten?
Helan sah ein, daß er nicht lesen könne.
Endlich war eine Stunde vorbei. Er drückte den Knopf am Kopfende über seinem Bett. Niemand meldete sich. Er drückte ein zweites Mal. Schließlich öffnete jemand die Tür.
Ich habe mehrmals geschellt.
Der Ober entgegnete, daß man ihm die Minute von der Rezeption bis hierher wohl zugestehen müsse. Helan bestellte einen Tee.
Wenn sie fünfzehn Minuten warten wollen? Der Mann ging.
Die Nachttischlampe warf ihren gleichmäßigen Schein auf die Musik- und Aufnahmegeräte, die seit dem Vor-

mittag unangetastet dalagen. Ihm war jetzt etwas wohler. Die Tabletten wirkten und er wußte, daß jemand kommen würde, wenn er klingelte.
Stellen Sie ihn bitte auf den Nachttisch, sagte er, als der Ober mit dem Tee eintrat. Schenken Sie noch nicht aus. Aber einen Gefallen könnten Sie mir tun. Dort auf dem Stuhl die Tasche, bitte bringen Sie sie her. Noch eins ... Er bat den Mann, das Fenster zu öffnen. Der Ober willfahrte und ging.
Helan öffnete die Tasche, die der Ober neben das Bett gestellt hatte, aber schloß sie gleich wieder. Sein Fotoalbum – warum hatte er nicht sein Fotoalbum mitgenommen? Aber warum hätte er? Die Bilder, die er jetzt vordringlich suchte, waren doch die frischen Erinnerungsbilder. Er brauchte von den Vorgängen, Zimmern und Plätzen der vergangenen Tage keine Fotos.
Und in *einem* Zimmer hatte er sowieso nicht fotografieren dürfen. In diesem Raum vor sieben Jahren mit den Blumen im geöffneten Fenster. Vier Patienten lagen dort, einer davon er selbst.
Sehen Sie, aus Amsterdam! Elf Tulpen, jede verschieden. Sogar eine schwarze und zwei violette sind dabei. Herrliche Züchtung. Schickt mir ... er hielt inne, als berühre er einen wunden Punkt … ein Freund aus Amsterdam. Herrliche Blüten, herrlich. Eigentlich wollte ich wieder hin, aber dann kam *das* dazwischen.
Die andern schweigen.
Herrliche Blüten, einfach herrliche Blüten! Soll ich sie lieber auf den Tisch stellen? Ich bin ein richtiger Tul-

pennarr.
Die andern schweigen. Einer sagt endlich: Können es keine heiteren Blumen sein? So trist, so dunkel, eine schwarz – Tulpen!
Wer will denn gleich abergläubisch werden? lacht ein zweiter; wollen wir uns doch nicht streiten wegen ein paar Blumen! Aber wenn Richard meinem Rat folgt, bleibt die Vase im Fenster. Dort gedeihen seine Tulpen besser. Für den Tisch lassen wir uns was Trinkbares schenken.
Als Helan nach seiner Entlassung vom Garten der Klinik aus das Fenster fotografierte, ließen die violetten und das schwarze Stück die Köpfe hängen. Die andern blühten.
Helan lag noch immer reglos und starrte die Decke an. Da war noch ein anderes Bild ...
Sie drängen mich, die Karten auf den Tisch zu legen. Die Aufnahmen bestätigen unsere Befürchtungen. Wir können Sie nicht bestrahlen, es hat keinen Zweck.
Wie lange noch?
Achselzucken des Arztes.
Dann war alle Therapie eine Farce, die man mit mir durchgeführt hat?
Ich kann Sie nicht davon abhalten, es so zu interpretieren. Aber bedenken Sie, daß Sie ein Szintigramm bis vorgestern abgelehnt hatten. Wir boten Ihnen schon im letzten Jahr an, Klarheit zu schaffen.
Helan fühlte, daß er nicht aufkam gegen den Arzt. Wer hatte ihm, dem Patienten, wirklich ausdrücklich erklärt,

wie sehr eine solche, ihm bis dahin unbekannte Untersuchung notwendig war?
Besteht also keine Chance, Gastritis, wie letztes Jahr … ?
Ausgeschlossen.
Sie gaben sich die Hand. Die kühle kräftige des Arztes zitterte kein bißchen, als sie zudrückte.
Soll ich Leben Sie wohl sagen oder Auf Wiedersehen? Bestimmt werde ich Sie oder einen Ihrer Kollegen noch einmal bemühen, und Sie werden kommen. Aber glauben Sie mir, daß ich Sie lieber nicht nochmal träfe.
Kaum hatte er die letzten Bilder an sich vorbeiziehen lassen, zuckte es über sein Gesicht: Haben sie mich also vor einem Jahr aufgegeben? Von wegen Gastritis! So lange hab ich schon keine Chance! Mit Mühe bezähmte er seinen Zorn.
Trotzig und plötzlich wie neubelebt stand er auf, kleidete sich an, griff nach der Bratsche, die noch im offenen Kasten lag, und übte, übte. Wie besessen wiederholte er dieselben Passagen, über die seine Finger stolperten. Wie der Lehrer mit dem Schüler, den er für mangelnde Vorbereitung abstraft, ging er mit sich um. In einem einzigen zornigen Ansturm versuchte er, sein Meisterkonzert zu erobern, aber er kratzte und quietschte zum sich Grausen.
Auf einmal wurde ihm schwindlig und Instrument und Bogen stürzten krachend zu Boden. Das jetzt auch noch! Und dann merkte er, daß schon lange wie wild an die Seitenwand geklopft wurde.

Am späten Vormittag verließ Helan das Hotel. Er überlegte, ob er den Taxifahrer bitten sollte, die Tasche in die Wohnung zu bringen. Aber bloß kein Aufsehen! So trug er beides, Tasche und Instrumentenkasten, selber. Er schaffte es bis zur Diele.

Am Abend begann er, die Ereignisse der vergangenen Tage zu notieren. Bei den Proben mit Fred und den Aufnahmen, die er unterbrechen mußte, hatte sich der Zerfall gezeigt. Ein geradezu dokumentarisches Gewicht erhielten diese Aufnahmen jetzt, die so schlecht, indiskutabel schlecht waren. Es waren die letzten klassischen Aufnahmen, die er hinterließ.

Die Zerstörung

Morgen, Papa, grüßte Rotraud, als sie mit ihrem Töchterchen das helle Zimmer betrat; eigentlich guten Tag schon. Sie küßte Helan auf die Wange, das Kind folgte schüchtern.

Na, Lilo, was hast du gemacht, wie der Opa verreist war? Er ließ die Enkelin aus den Armen.

Rotraud warf einen prüfenden Blick auf sein Gesicht. Es kam ihr verändert vor. Erzähl, wie war's auf der Tulpenschau? Das Kind riß sich los und lehnte sich, mit den Schenkeln wippend, zwischen Helans Knien rückwärts gegen die Couch.

Er dachte daran, daß er sonst einen Brief oder eine Karte aus Holland geschrieben hatte. Wie immer, sagte er.

Rotraud bemerkte die Geräte, die auf und neben dem

Tisch lagen. Du spielst wieder Gitarre? fragte sie. Das Kind ging auf den Stuhl mit dem Tonbandgerät zu und wollte daran hantieren.

Hör mal, was ich aufgenommen habe, sagte er, extra für dich.

Er spulte, drückte die Abhörtaste und zog die Enkelin auf sein Knie zurück.

Lilo lauschte. Es waren die ersten Töne eines Liedes, das sie gerade im Kindergarten lernte. Sie wollte mitsingen, aber der Opa verhielt ihr den Mund und hieß sie das Ende des Vorspiels abwarten. Jetzt, sagte er. Das Kind sang zu den begleitenden Gitarrenarpeggien und der es führenden Geigenmelodie. Es kannte nur die erste Strophe. Bei der zweiten stockte es mitten im Anfang. Die Geige klang allein zu den Gitarrenschlägen. Sie klang ohne Vibrato, unsicher, ohne Wärme. Das Kind wurde unruhig.

Das hat der Opa für dich komponiert. Er hat recht lange daran gesessen. Höre das nächste, da singt er sogar, damit du es lernen kannst.

Wieder kam das klägliche Geigenvorspiel zuerst mit Begleitung der Gitarre. Dann der Gesang, untermalt von gebrochenen Dreiklängen und ab und zu improvisierten Triangelschlägen, die die Pausen zwischen den Abschnitten und den Schlußton skurril belebten. Die Stimme klang matt, verbraucht und zittrig.

Plötzlich, ehe die Strophe beendet war, preßte sich das Kind auf seinem Schoß mit den Fingern die Augen und fing zu schluchzen an.

Rotraud! sagte er halblaut, indem er auf die laufende Spule deutete. Er hielt den Kopf des Kindes, die Hände auf seinem Haar. Ich war nicht ... sagte er, als sie wortlos die Stoptaste drückte und einen ernsten Blick auf die Kleine warf. Die Vierjährige riß sich los und lief zur Mutter.

Wir gehen, Papa. Wenn du magst, komm rüber zum Mittagessen.

Ich habe Ekel gegen Essen.

Aber du mußt doch ein bißchen was zu dir nehmen. Brühe dir wenigstens einen Tee.

Die Mädchen gingen. Helan blieb reglos sitzen und blickte irgendwohin. Wenigstens hatte er die Küche durchgewischt.

Es klingelte. Er ruckte auf seinem Platz, gerade so, als wolle er aufstehen und zum Türdrücker gehen. War es Fred, um einen Termin für die Überspielung ihrer Aufnahmen auszumachen? Aber dann schellte es nicht wieder.

Er raffte sich auf und setzte einen Kessel Wasser auf. Er packte die Violine samt Kinntuch und Bogen, den er zuvor entspannte, in den Geigenkasten, räumte die auf dem Tisch liegenden Utensilien Notenheft, Bleistift, Radiergummi, Spitzer und das noch neue Liederbuch zusammen und verstaute sie in einem der offenen Schrankfächer. In einem Anflug von Ironie machte er das Kreuzzeichen darüber.

Er legte ein anderes Band ein. Er hatte es vor langem mit Orchestervariationen von Reger und Brahms be-

spielt, Repertoirestücken aus seiner Dresdner Zeit. Diese Musik begleitete ihn, während er mühsam seinen Lehnstuhl ans Fenster rückte.
Das Wohnzimmer lag auf der Gegenseite der Küche. Die Sonne gleißte durch den aufgestiegenen Dunst und deckte mit einem Streifen den ganzen hellfarbenen Tisch, den man aufkurbeln konnte, und den vorderen Rand der Couch ab.
Rechts gegenüber blickte Helan auf eine lange, in Rauhputz geweißte Mauer. Dahinter schauten das Laubwerk einiger Weiden und weiter zurück die Spitzen einiger hoher Grabsteine hervor. Es war ein fast nie besuchter jüdischer Friedhof.
Links gegenüber parterre wohnte seine Tochter mit Familie. Sie würden ihn von dort unten hinter dem Fenster nicht bemerken, denn er saß zurückversetzt und sah selber nur die Oberlichter dieser Wohnung über die Fensterbank hervorragen.
Er zwang sich, hinzuhören. Manchmal krümmte er den Oberkörper vor und preßte die Faust gegen die Magengrube. Dann stand er auf und wankte auf das Tonbandgerät zu. Er spulte an den Anfang zurück, drückte Löschen-und-Aufnahme, stellte eines der beiden Mikrofone vom Tisch ans Fenster und setzte sich schweratmend davor.
Er wollte etwas sagen. Doch es wurde ein Ringen nach Luft, ein Hecheln, ein unterbrochener Kampf ums Atmen. Endlich öffnete er die Lider und brachte keuchend hervor: Ich will reden, für euch, Rotraud, Lilo, Hans ...

Der Atem blieb ihm weg.

Der Opa behält kein Essen mehr bei sich ... Ich kann nicht mehr.

Er tastete mit vibrierender Hand nach der Hosentasche. Er schluckte eine Kapsel. Nicht zu erkennen war, ob er einschlief oder die Augen gegen den Schmerz schloß.

Das Band war abgelaufen. Helan blickte auf und bemerkte das Mikrofon auf der Fensterbank. Er wunderte sich. Er hatte also geschlafen. Er bewegte den Blick langsam gegen die Fensterscheiben. Niemand kommt, sagte er zu sich selbst.

Er hörte das leise Flattergeräusch vom Ventilator des veralteten Geräts. Neben ihm, in der Nische, steckte der Stecker. Er zog ihn heraus, der Ventilator verstummte.

Nun saß er länger so da, Stecker und lose Schnur in der Hand. Einmal schlug er die Augen auf und dachte daran, daß er noch Bilder auf dem Film zu verknipsen habe.

Der Himmel zog sich immer mehr zu. Eine gleißende, schmutzigglitzernde Stelle in Form eines verzerrten Kreises deutete rechts über dem Friedhof die Sonne an. Es war noch hell, aber das Licht schien gedämpft durch das Herandrohen eines Gewitters. Helan empfand, daß es drückend warm sei im Zimmer. Aber stimmte das? Seine Frau, die an derselben Krankheit starb, klagte am Abend ihres Todes über Hitze. Als er sie mit Franzbranntwein abrieb, spürte er, daß ihr Rücken eiskalt war.

Aber es mußte die vorsommerliche Schwüle sein. Die

Ruhe vor einem Gewitter. Die Weidenkronen regten sich nicht. Er öffnete das Fenster, griff nach einer Wolldecke und legte sie sich über die Knie. War ihm vorhin nicht warm gewesen?

Er fühlte die Lippe springen. Würde sie noch heilen?

Seine Wohnung mußte er ausfegen, unbedingt, bohnern, polieren. Die Spüle hatte er noch gewischt, aber er mußte abstauben. Und er besah die Fingerkuppen, die über die Fensterbank strichen.

Bald würde er selbst zu dem Dreck gehören, den es zu entfernen galt aus der Wohnung. Wer würde nach ihm mieten? Wie würde dieser Unbekannte die Wohnung einrichten? Welche Tapete würde er bevorzugen? Dabei war doch das Wohnzimmer frisch tapeziert und auch die Küche neu gemacht. Aber die Zigarillos. Wenn der neue Mieter nicht rauchte. Wird es lebhaft sein? Kinder? Muß wirklich alles, was er unlängst in die Wohnung investierte, zunichtewerden, alles? Übernehmen seine Kinder nichts? Rotraud und Familie haben doch keinen Platz für all die Möbel, all das Alte, mit Erinnerungen Behaftete. Verschachern sie es wenigstens einem Antiquitätenhändler und ziehen einen Gewinn daraus? Aber gibt der ihnen etwas dafür? Eher verlangt er Gebühren fürs Aufbewahren. Ist er, Helan, nicht verpflichtet, sich selber zu kümmern?

Und dann die Instrumente. Nun, die Bratsche war im Eimer. Er hatte sie, ohne den Kasten, zur Entsorgung im Hotel gelassen. Das war Gottesurteil. Aber die Violine und die Gitarre. Wenn Lilo, später, vielleicht ... ?

Es hatte zu tropfen angefangen. Und bald entwickelte sich ein regelrechter Landregen.
Er roch die hereinziehende Feuchtigkeit. Unwillkürlich mußte er an die Brennesseln denken, die sich an der weißen Mauer, vor dem Friedhof gegenüber, erquickten, die verwilderten Sträucher zwischen den eingesackten Gräbern, die jetzt leichtbewegten breiten Kronen der Weiden, die rauhe rissige Rinde, die asymetrischen trockenen Blätter, die von den vorgestrigen Niederschlägen nicht gestillt worden waren. Welche Lust in der Natur und welche Freude einiger Menschenpaare, die, in den Regen geraten, ungeachtet eines vergessenen Schirms, einer fehlenden Kapuze munter weitergehen mochten, Arm in Arm, unter seinem Fenster!
Immer heftiger prasselte der Regen gegen die Scheiben und die Fensterbank, immer häufiger trieb ein Windstoß Tropfen herein, Helans ausgedörrte Wangen und nicht mehr erfrischbaren Lippen bespritzend. Und endlich donnerte der Gewitterschlag. Noch einer. Und ein dritter. Das grünlich graue Gesicht und der sich nach oben verbreiternde Schädel schienen in der Stille zu phosphoreszieren.
Die Straßenbeleuchtung ging an und warf einen matten Schein auf Helans nasse Züge. Er rang nach Atem. Er spürte Brechreiz. Aber nichts geschah. Er sah, daß er auch in dieser Stellung nichts gegen die Übelkeit vermochte, das Stechen und Wühlen aus der Leibgegend, sogar, wie ihm vorkam, aus den untersten Därmen, der Speiseröhre, den Nieren, der Lunge. Und er richtete den

verkrebsten Oberkörper auf und schaute unbewegt gegen die Fensteröffnung, an der der heftige Regen sein Wasser hinuntertrieb.
Jemand rieb an der Matte die Schuhe ab und drehte den Schlüssel. Es mußte Rotraud sein, denn sie besaß als einzige neben dem Vermieter einen Zweitschlüssel.
Papa, rief sie, indem sie eine Tür, die zum Bad wohl, öffnete. Papa? Sie öffnete eine andere. Endlich öffnete sie die zum Wohnzimmer: Papa!
Ja, meldete sich eine leise, vibrierende Stimme. Rotraud machte Licht.
Aber was suchst du bei dem Wetter am offenen Fenster? Wir dachten schon, dir wäre etwas passiert oder du wärest abwesend, weil das Fenster offenstand und kein Licht brannte. Da wollte ich nach dem Rechten sehen.
Helan schwieg. Die Tochter schloß das Fenster, von dem Wasser ins Zimmer troff, und nahm die Wolldecke von seinem Schoß. Die ist ja klitschnaß, du hättest so was nicht machen sollen!
Sie streifte mit kurzem Blick das Tonbandgerät, die Schnur, die aus dem Stecker gerissen war, das nasse Mikrofon auf der Fensterbank. Sie nahm es, trocknete es ab und stellte es zu dem Gerät auf den Tisch. Die Schnur rollte sie ein und legte sie, nachdem sie das Gerät zugedeckt hatte, obenauf.
Der Vater verfolgte die Geschäftigkeit der Tochter mit abwesenden Blicken. Als sie nun noch die Fotokamera weggetan und mit einem Aufnehmer das Wasser in der Fensternische aufgesaugt hatte, kam sie zurück und be-

rührte, über seine Schultern gebeugt, mit den Handflächen seine Knie. Wir müssen dir eine trockene Hose anziehen, sagte sie.
Helan legte eine Hand auf ihre und hielt sie fest.
Ich bin nicht auf der Tulpenschau gewesen, Rotraud. Ich wohnte in einem Hotel hier im Viertel.
Rotraud machte sich los.
Vorher war ich beim Institut Oswald in der Windmühlenstraße, das du kennst, und habe alles abgemacht. Du weißt, den Platz für ein Grab habe ich schon, den neben Mutter. Kurz, du rufst, wenn es soweit ist, Oswald an. Alles wartet dort auf Abruf. Eine bezahlte Rechnung liegt im Schreibfach, dazu die Rufnummer, Geld für Telefonate, ein Sümmchen für die Anzeige, ich glaube, daß sie soviel kostet. Auf dem Zettel habe ich aufgesetzt, wie die Anzeige lauten soll. Bitte sorge dafür, daß alles so geschieht.
Papa! Die junge Frau konnte nichts mehr sagen.
Ihr sollt keine Arbeit haben mit mir. Es muß nicht sein, daß andere soviel Mühe mit einem haben. Es ist in Ordnung so.
Er dachte an seinen ersten Aufenthalt vor sieben Jahren in der Klinik, als Rotraud ihm die Tulpen geschickt und er später erfahren hatte, daß sie mit ihrem Verlobten nur wenige Kilometer entfernt zu Mittag aß. Rotraud studierte damals auswärts und hatte sich von den Eltern distanziert. Der Grund für die Entfremdung saß tief. Sie fand sich in einer ganz vom Beruf des Vaters und der Musik dominierten Familie vernachlässigt. Wennauch

damals ihr jetziger Mann nach kurzem Urlaub zur Arbeit mußte und das junge Paar seine Reise genießen wollte, so hätten sie doch die wenige Zeit für einen Besuch erübrigen können! Helan befand sich in einer Ausnahmesituation und die Mutter, selber krank, litt mit. Wer freilich wird verliebten Menschen verdenken, wenn sie den Anblick Schwerkranker meiden?

Er wollte die Geschichte, daß er ihre Nähe durch Alfred hatte erfahren müssen, nicht mehr wiederholen. Das war besprochen und vorbei. Jetzt war alles wieder im Lot.

Helan brachte einen schwachen Druck mit der Hand zustande, die auf Rotrauds Händen lag: Meinst du, es gibt viele Schmerzen?

Er wollte das Thema wechseln, allein, er wußte kein anderes.

Ich finde kein Thema mehr, lächelte er, seine Hände noch immer auf den unbeweglichen Rotrauds, den Blick noch immer auf den Fensterscheiben, von denen im Schein der Straßenlaterne die Tropfen perlten, alte und neue Tropfen, vom jetzt schwach plätschernden und in den Gulis verglucksenden Regen herangesprenkelt.

Geh zu Bett, sagte Rotraud, ich bring dich hin.

Sie griff Helan unter die Arme und stützte ihn ins Schlafzimmer.

Der Rest geht noch alleine, sagte er scherzend. Sie schied, ohne zu widersprechen.

Schluß

Fred saß auf einem Hocker vor dem Bett, Rotraud stand, eine Hand gegen den Türrahmen gestützt, auf der Schwelle und studierte die eingefallenen Züge des Bettlägerigen. Ein chloroformierender Ernst glomm auf seinen Zügen und überzog den Menschen, den sie kannte, wie eine fremde zweite Haut. Dieser Ernst betäubte das Mitleid und ließ sie mit Reserve und Entschlossenheit alles angehen, was nötig wurde.

Ob das der Film ist, den die Sterbenden zwischen sich und die Lebenden schieben, um gehen zu können? Aber sicher ist es wie immer umgekehrt: sie als die Lebende schleicht sich aus der Verantwortung, sagt sich vom Vater los, denn er ist ihr nun einmal lästig geworden. Sie läßt den Sterbenden allein und lügt sich alles wie immer schön. Sie sieht den Vater mit der Brille, mit der Distanz von damals, als sie Streit hatten, denn das ist bequem. Sie grüßte und ging.

Fred fiel auf, daß weder ein Buch, ein Instrument noch sonst etwas im Zimmer lag, womit man sich die Zeit hätte vertreiben können. Womit beschäftigte sich der Alte, womit unterhielt er sich, was machte er den lieben langen Tag, immer in diesem Zimmer? Hier lag er doch, in diesem Zimmer, den ganzen Tag?

Fred mußte sich an die Worte der Mutter erinnern: Helan hat Magenkrebs, und er fühlte eine Beklemmung vor dem wächsernen Antlitz. Es erleichterte ihn, als Helan heiser und freundlich grüßte. Wie ein Ruck ging es durch ihn durch und er glaubte die Scheu überwunden.

Ich war schon einmal hier, sagte er, vor anderthalb Wochen. Ich habe geschellt, aber niemand machte auf. Da bin ich wieder gegangen.
Das warst also du. Fast hab ich es mir gedacht. Ich war da. Ich hörte die Schelle. Du hättest wiederläuten sollen, dann hätte ich bestimmt aufgedrückt.
Ich wollte Ihnen das Kolofonium bringen. Sie haben es bei unsrer letzten Aufnahme vergessen. Es war hinters Klavier gefallen, als ich Noten darauflegte.
Es wäre nicht wichtig gewesen. Ein Streicher hat immer Vorrat davon. Trotzdem vielen Dank.
Letzten Sonntag kam Beethovens Fünfte im Fernsehen. Bestimmt hundertvierzig Orchesterleute. Ein solches großes Orchester hab ich noch nie gesehen.
Hundertvierzig?
Doch, bestimmt hundertvierzig. Acht Kontrabässe, 24 Celli, 40 erste Geigen!
Du wirst dich verzählt haben.
Acht Hörner!
Trotzdem. In Dresden damals hatten wir zehn Bässe zu zwölf Celli. Wir kamen auf hundert, bei Beethoven. Nur Bruckner und Wagner hatten mehr. Da kamen wir auf hundertzwanzig. Laß es mal hundertzehn gewesen sein, das sind schon riesig viele.
Nun gut. Sonntag in vier Wochen kommt die Sechste. Bestimmt geht es Ihnen bis dahin wieder gut und Sie können sie hören und die Spieler zählen.
Ich höre sie mir an. Ganz gewiß. Aber die Bratsche hab ich nicht mehr. Die ist mir neulich, auf meiner Reise

nach Holland ... hingefallen. Perdu. Einfach so. Wie wäre es, wenn ich dich einmal auf die Tulpenschau mitnehme, für zwei oder drei Tage?
Fred schwieg.
Ich müßte erst meine Eltern fragen.
Tue das. Aber es ist noch langehin bis dann.
Ich muß gehen, meine Mutter wartet. Wir gehen kaufen.
Ich will dich nicht aufhalten, Junge.
Fred hatte unwillkürlich die Hand ein wenig früh aus der mageren Skeletthand des Alten gezogen. Was wird übrigens aus dem Überspielen der Aufnahmen? fragte er beiläufig.
Später, später. Alles muß jetzt warten.
Kurz nachdem Fred die leere Straße betreten hatte, fuhr ein Sanitätstransporter vor und Rotraud schloß zwei Männern mit schmaler Trage die Wohnung auf. Helan unterdrückte einen Kommentar, bestand aber darauf, die Schritte zur Trage mit Stütze selbst zu machen. Unten schob man ihn in den hellen Transporter und verankerte die Trage. Also doch noch einmal Taxi! sagte er mit einem verschmitzten Grinsen.
Am Unterrand des Gesichtsfeldes, wenn er den Kopf hob, gewahrte er Rotraud. Sie sah wortlos den Sanitätern zu. Dann nahm der eine der Männer neben ihm Platz. Der andere schloß von außen die Tür, die noch einmal einen Ausblick in die Straße mit den so lange gewohnten Häuserfronten bot, und der Wagen fuhr los.

Buchveröffentlichungen von Klauspeter Bungert

Die Felswand als Spiegel einer Entwicklung. Der Dichter C. F. Meyer als Gegenstand einer psychologischen Literaturstudie (1994). 160 S., Restauflage beim Autor

Interview (2015). Erzählung, 176 S. ISBN: 978-3-940597-55-7

Dramen („Der Mann wird ein Klassiker!" *Olaf Spittel*):

Band 1 (2015), 368 S. ISBN: 978-3-940597-83-0

Die Irrenden · Kleist – Ein Traumspiel · Hartwig · Einkehrtage · Die Schmeißfliegen · Das Bild, das Spiel, die Stimme · Die Lausigkeit der Liebe, des Lasters und der Lust · Nora 1996 · Der Falter im Spinnennetz (1. Teil: Himmel · 2. Teil: Fegefeuer – Erde)

Band 2 (2015), 380 S. ISBN: 978-3-940597-84-7

Auf dem Canal Grande · Die Stunde des Pilatus · Am Rande · Der Dezernent · Rudi, Susanne und Tante Friedas Ableben · Die Heimkehrer · Wirbel um Johann Schmant · Roman Forster live – Eine Talkshow · Lennieff

Band 3 (2015), 360 S. ISBN: 978-3-940597-85-4

Die Nacht geht auf[*] · Der Durchbruch · Im Vorhof des Lebens · Wellen Mathilde Unfall · Der Fragwürdige · Invention für einen Schauspieler · Nihil nisi bene · Eislauf · Das stille Erlöschen des Magnetismus · Gespräch mit einer Toten[**] · Wendepunkte [*uraufgeführt 2018 in Trier – **uraufgeführt 2018 in Innsbruck]

Band 4 (2015), 352 S. ISBN: 978-3-940597-86-1

Drei Trierer Historiendramen (Die letzten Kaiser von Trier · Willkommen, Constantin! · Kaiserin Helena) · Und Gott sagte · Freßzellen · Seelendialyse · Der Kreisleiter · Jesus Christus trifft Rudolf Steiner und Sigmund Freud · Haydns Erbe · Spiele auf der Endstation

Conan Doyle als Prosaschriftsteller – annotiertes Werkverzeichnis (2018; erste Würdigung des bedeutenden englischen Autors auf deutsch) in: Sir Arthur Conan Doyle: Das Spukhaus

272 S. ISBN: 978-3-940597-99-1

Unternehmen Faust – eine politische Utopie an fünf Abenden (2019)

212 S. ISBN: 978-3-96027-113-0

Der Automat · Die Konferenz · Geld für alle · Ingenieure des Friedens · Wenn die Bienen sterben

Wolkenfarben – Gedichte und kurze Prosa (2019)

176 S. ISBN: 978-3-96027-115-4

Umschau · Einer · Natur im Herbst · Die Begegnungen wechseln · Menschen in der Stadt · Hektische Zeit · Flüchtige Sonette · Essay: Wolkenfarben – ein Leitfaden

Fiktive Monologe krebskranker Frauen (2019)

260 S. ISBN: 9783739232799

César Franck. Eine analytische und interpretative Annäherung an sein Werk (2019)

230 S. ISBN 978-3-948435-00-4

Astrologie der Ereignisse – Doppelhoroskope historischer Persönlichkeiten, eruiert und diskutiert auf der Grundlage von Direktionen und siderischen Lunaren nach Alexander Marr (1919 - 2000) (2020)

320 S. ISBN: 9783750417779

Ferner:

Herausgabe von Partituren César Francks, Orchestertranskriptionen Franckscher Kammermusikwerke und eigener Kompositionen im Hamburger Canticus-Musikverlag und der ersten Hörbuchausgabe des gültigen dichterischen Gesamtwerks Conrad Ferdinand Meyers auf 5 MP3-CDs (2008)

Buchveröffentlichungen meiner Frau, Sigrid Ertl

Tartüff für Anfänger. Kriminalstück (2015)
56 S., ISBN: 978-3-940597-56-4

Poetica criminalis & Die Partei der Frauen. Zwei Kriminalkomödien (2016)
100 S., ISBN: 978-3-940597-88-5

Neu: ***Der Aufstand der Tiere – die große Wende. Roman*** (2020); 200 S., ISBN: 978-3-751936-66-8

Das Buch ist eine Parabel, ein Roman, ein Jugendbuch und eines für Erwachsene, die hinter die märchenhaften Fassade blicken. Es enthält bittere Zeitkritik und zugleich die Hoffnung einer herzerwärmenden Utopie. In Bezug auf die Hauptfigur Tim Laven schlägt es den Bogen von der frühen Berufung eines zwölfjährigen Jungen zur Rückschau eines angesehenen Biologieprofessors.
Nach einem Naturereignis können Tiere plötzlich sprechen. Sie solidarisieren sich und verändern die Welt.

www.klauspeterbungert.de